Blanca Popp

NÄHEN
Stich für Stich

NÄHBASICS & PRAXISPROJEKTE

  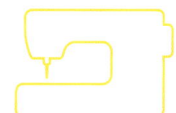 

EMF

EIN BUCH DER
EDITION MICHAEL FISCHER

„IN THESE HARD TIMES – DRESS UP, DO IT YOURSELF!"

VIVIENNE WESTWOOD

INHALT

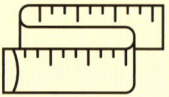
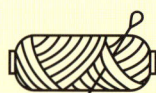

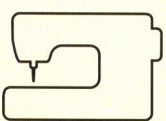

NÄHEN MIT DER NÄHMASCHINE

BEKLEIDUNG NÄHEN

ÜBUNG MACHT DEN MEISTER

VORWORT

Nähen macht glücklich.

Der Neurobiologe Gerald Hüther sagt:
„Wenn man mit den Händen arbeitet, werden Denken, Fühlen und Handeln wieder eins."

Das kann ich nur bestätigen – beim Nähen, einer meiner Lieblingsbeschäftigungen, ist das deutlich spürbar.

Nach meiner Ausbildung zur Schneidermeisterin und Diplom-Designerin war ich viele Jahre freiberuflich für die Industrie tätig. Ich habe Eigenmarken für große Konzerne entwickelt, war zuständig für Schnitte und Passformen und gelegentlich auch für die Produktionsüberwachung. Mein Spektrum umfasste auch Trendberatung für Messen und Einzelfirmen – mein ganzes Arbeitsleben war also bisher der Mode und Bekleidung gewidmet. Ich habe das Glück, in meinem Traumberuf arbeiten zu dürfen – und immer noch erzeugt jede neue Kollektion bei mir ein Kribbeln im Bauch.

Vor etwa sieben Jahren habe ich das Nähen neu entdeckt und mich erneut in mein Handwerk verliebt. Es ist für mich auch ein Ausgleich zur Hektik der Kollektionserstellung.

Dann beschloss ich spontan, mein gesammeltes Wissen an Interessierte weiterzugeben, und begann an der Volkshochschule Kurse anzubieten. Daneben habe ich an der Akademie für Kommunikation in Ulm Mode und Design unterrichtet. Etwa drei Jahre später gründete ich eine Nähschule in München – wobei ich mich wieder einmal auf mein Gespür verlassen habe, das mich auch dabei nicht getäuscht hat.

Denn viele junge Frauen und Männer möchten jetzt wieder nähen lernen und dieses wunderbare Handwerk entdecken.

Am Anfang steht die Lust darauf, etwas selbst zu gestalten, sich mit Farben und Strukturen von Stoffen und anderem Material zu beschäftigen und einen Schnitt individuell auszuwählen. Meist habe ich bereits eine genaue Vorstellung des Modells vor Augen und sehe es fertig vor mir – ich beobachte mich dabei, wie ich mit meinem neuen Rock die Straße vor meinem Atelier überquere. Das ist der erste Schritt zu einem neuen Entwurf, der aus dieser Idee entstehen wird.

Der zweite Schritt besteht im Aussuchen des Stoffs. Ich habe ein paar Lieblingsgeschäfte, in denen ich meist fündig werde. Dann trage ich den ausgewählten Stoff nach Hause und kann es kaum erwarten, anzufangen.

Ich entwickle anschließend den Schnitt für den neuen Rock, mache vorab ein Nesselmodell zur Anprobe, und sobald ich damit zufrieden bin, beginnt der schönste Teil der Umsetzung meiner Idee – das Nähen.

Eines steht bereits fest: Diesen Rock wird es kein zweites Mal geben. Unter meinen Händen ist etwas Besonderes entstanden und ich kann Ihnen versichern, dass es ein wunderbares Gefühl ist, ein selbst geschneidertes Unikat zu tragen.

Ich hoffe, ich kann Sie mit diesem Buch dazu anregen und dafür begeistern, Ihre eigenen textilen Ideen zu entwickeln und diese zu realisieren. Was auch immer dabei entsteht – ich bin mir sicher: Es wird auch Sie glücklich machen!

Ihre

Blanca Popp

Nach meiner langjährigen Tätigkeit als Designerin für die Industrie fing ich eines Abends selbst wieder an zu nähen. Das erste Projekt war dieser gelbe Mantel.

Dieses strahlende Gelb ist dann auch die Hausfarbe für meine Nähschule geworden. Eine Schülerin hat jenen Mantel nach meinem Schnitt in Schwarz und mit weißem Nähgarn genäht und das Innenleben mit einem Zickzackstich versäubert. Mit diesem Projekt und einer Empfehlung von mir hat sie dann eine Lehrstelle in einem angesehenen Haus bekommen. Ein Mantel mit Geschichte!

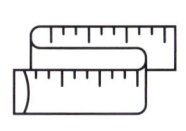

GRUNDLAGEN ZUM NÄHEN

DAS WICHTIGSTE ÜBER STOFFE

Stoffe werden auf unterschiedliche Weise hergestellt: Sie können gewebt,
gewirkt, gestrickt und gefilzt werden. Zu den wichtigsten Kategorien zählen
Webware und Maschenware, die ich Ihnen, neben anderen, hier vorstelle.

WEBWARE

Dazu gehören alle Textilien, die auf dem Webstuhl hergestellt
werden. Webware besteht aus Kett- und Schussfäden, die
nach einem regelmäßigen Schema miteinander verwoben
sind. Es gibt unterschiedliche Arten der Verkreuzung von
Kett- und Schussfaden. Die einfachste ist die **Leinwandbindung**, dabei liegen jeweils abwechselnd ein Kett- und
ein Schussfaden nebeneinander.

Die zweite wichtige Bindungsart ist die **Köperbindung**. Hier
wechselt eine unterschiedliche Anzahl von Kett- und Schussfäden regelmäßig, wie etwa 1 Kettfaden, 2 Schussfäden,
1 Kettfaden 2 Schussfäden usw. Im Erscheinungsbild ergibt
das eine Struktur mit feinen Diagonalen. Köperbindige Stoffe
sind sehr strapazierfähig und in der Regel dicht gewebt.

Der dritte Grundtyp ist die **Atlas- oder Satinbindung** – der
Name weist schon auf die bekannte Stoffart hin. Eine Variante
davon ist die **Jacquardbindung**. Sie geht auf den französischen
Weber Joseph-Marie Jacquard zurück, der 1805 dafür einen
technisch aufwendigen Webstuhl erfand. Dadurch wurde es
möglich, komplizierte Muster und frei gestaltete, ornamentale
Formen in Stoffe einzuweben. Bei Jacquardstoffen sind die
Muster stets auf der Rückseite gespiegelt.

Jacquardbindungen werden für Möbelstoffe und Tischwäsche
bevorzugt. Auch für hochwertige Bekleidungsstoffe, wie
solchen für die Haute Couture, wird gerne diese in der Her-
stellung aufwendigere und deshalb kostspieligere Bindungs-
technik eingesetzt. Von den drei wichtigsten Bindungsarten
gibt es zahlreiche Varianten, die sich jedoch meist anhand
der beschriebenen Merkmale unterscheiden lassen.

WIRKWARE

Diese Textilart gehört zu den **Maschenwaren** und wird nur
maschinell hergestellt. Bei Wirkware bildet der Faden im
Gegensatz zur Strickware übereinanderstehende Maschen,
wobei für jede einzelne Masche eine Nadel bereitgestellt
wird. Wirkware ist eher Fortgeschrittenen zu empfehlen,
die bereits ein wenig Übung haben. Mit der richtigen Näh-
maschineneinstellung lässt sich auch dieses leicht dehnbare Material gut verarbeiten. Ein Vorteil an Wirkware ist,
dass die Kanten nicht unbedingt versäubert werden müssen, da es weniger „Laufmaschen" gibt als bei Strickware.

STRICKWARE

gehört ebenfalls zu den **Maschenwaren**. Bei der Verarbeitung
sollte man darauf achten, dass keine Maschen fallen, da sich
sonst das gesamte Gestrick auflösen kann. Am besten ist es,
die Kanten mit einem schmalen, dichten Zickzackstich zu
sichern, damit die Strickware elastisch bleibt, die Versäube-
rungsnaht aber nicht zu viel Breite beansprucht.

FASERARTEN

Die genannten Bindungstechniken können mit verschiedensten Garnen umgesetzt werden. Garne bestehen aus Fasern,
die unterschiedlichen Ursprungs sind, sie werden ebenfalls
in drei Kategorien eingeteilt.

Pflanzenfasern: Dazu gehören alle Fasern, die von Pflanzen
gewonnen werden, wie Baumwolle, Flachs, Hanf und Bambus.

Tierfasern: Dazu gehören Haare von Tieren, wie Schaf, Ziege,
Kamel und Kaninchen, sowie die Faser aus dem Kokon der
Seidenraupe.

Chemiefasern: Sie werden hauptsächlich unterteilt in zellu-
losische und synthetische Fasern. Erstere werden aus natürlichen Rohstoffen wie Zellstoff hergestellt, der synthetisch
aufbereitet und zu einem Endlosspinnfaden verarbeitet wird.
Zu den synthetisch hergestellten Fasern gehören Polyester,
Polyamid, Elasthan und Mikrofasern. Die Polyesterfaser zählt
zu den reißfestesten Materialien. Wolle und Baumwolle werden häufig mit Polyester versponnen, um dem Garn mehr
Stabilität und Festigkeit zu verleihen.

WEBWARE

KÖPERBINDUNG

JACQUARDBINDUNG

WIRKWARE

STRICKWARE

LEINWANDBINDUNG

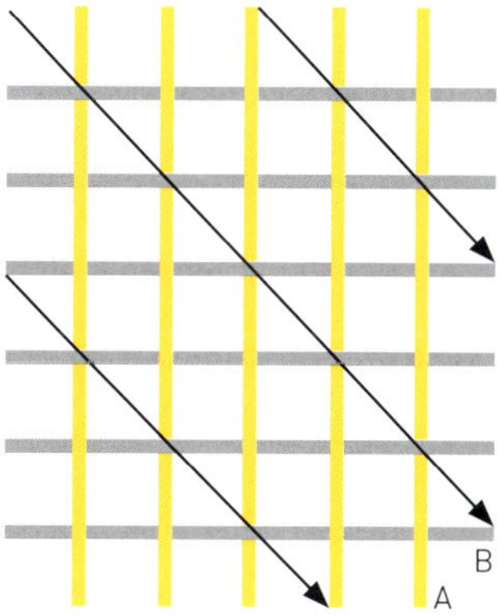

KÖRPERBINDUNG

A KETTE   B SCHLUSS

WELCHER STOFF IST DER RICHTIGE?

Die Stoffwahl hängt vom Modell ab, das man schneidern möchte, und muss darauf abgestimmt werden. Für einen eng anliegenden Rock beispielsweise ist es wichtig, keinen zu locker gewebten Stoff auszusuchen. Das Material wird in der Bewegung und beim Sitzen stark beansprucht, und deshalb sind eher Stoffe mit dicht gewebter Struktur geeignet, wie mit Köperbindung. Diese halten den Stoff gewissermaßen in Form, sodass der Rock nicht so leicht ausbeulen kann. Ist man jedoch auf der Suche nach einem Stoff für ein leichtes, locker fallendes Sommerkleid, ist es ratsam, Material mit einer einfachen Webart wie der Leinwandbindung zu verarbeiten. Für eine körperbetonte Bluse sollte man Stoffe mit einem geringen Elasthananteil wählen. Dieser sorgt für mehr Tragekomfort, denn das Material passt sich Bewegungen leichter an. Und wenn Sie ein Etuikleid nähen möchten – aus einem leichten Wollkrepp wird es traumhaft schön!

STOFFAUSWAHL

EINLAGESTOFFE

Zur Verstärkung von Kragen, Manschetten oder Blenden gibt es die Möglichkeit, Einlagestoffe zu verwenden. Dabei unterscheidet man zwischen gewebter Einlage, die oft aus Baumwolle besteht, oder einem Bügelvlies, das meist aus Polyester hergestellt wird. Beide Versionen haben eine Klebeseite und können aufgebügelt werden. Für Profis wird auch lose Einlage zum Festnähen angeboten. Einlage ist in unterschiedlichen Stärken erhältlich und sollte immer auf die Stoffart abgestimmt werden. Zum Wattieren von Taschen und Decken usw. kann man dickeres Volumenvlies verwenden. Dieses gibt es ebenfalls in verschiedenen Stärken, manche Versionen können aufgebügelt werden. Es verleiht dem Stoff mehr Volumen und Stand.

GEWEBTE EINLAGE

Tipp

Für eine eng anliegende Bluse ist es praktisch, Stoffe mit einem geringen Elasthananteil (3–5 Prozent) zu wählen. Dieser sorgt für Bequemlichkeit und kaschiert so manches kleine Passformproblem.

VOLUMENVLIES

HANDWERKSZEUG

Gutes Werkzeug wird Ihnen ein treuer Begleiter bei allen Ihren Nähabenteuern sein. Investieren Sie in Qualität, pflegen Sie Ihr Näh-Equipment und verwenden Sie es immer nur zum vorgesehenen Zweck, dann haben Sie viele Jahre Freude daran.

GRUNDAUSSTATTUNG

Ebenso wichtig wie das **Maßband** ist eine **Zuschneideschere**, für Ihren Stoff, die an der Spitze leicht nach oben gebogen ist, damit die Arbeitsfläche beim Zuschnitt nicht zerkratzt wird. Unverzichtbar sind auch eine kleine **Handarbeitsschere**, um z. B. Fädchen abzuschneiden, eine **Papierschere** für Schnittmuster und Co., **Bleistift, Lineal, Geodreieck, Schneiderkreide, Nahttrenner, Handnähnadeln** sowie **Stecknadeln**. Stecknadeln gibt es mit und ohne bunte Köpfe. Glaskopfstecknadeln eignen sich gut zum Stecken von Säumen, die man von Hand näht; Nadeln ohne Köpfe werden eher von Profis verwendet, die Nähte auch ohne vorheriges Heften gleich an der Maschine steppen. Wenn die Nadeln im rechten Winkel zur Naht gesteckt sind, können Sie auch einmal vorsichtig darübernähen, ohne befürchten zu müssen, dass das Köpfchen abbricht.

NÄHGARN

Zum provisorischen Zusammennähen von Schnittteilen für die Anprobe gibt es spezielles **Heftgarn**, es ist meist naturfarben und lässt sich leicht reißen. Nahezu alle Stoffe lassen sich mit den üblichen Nähmaschinengarnen aus Polyester verarbeiten – nicht umsonst heißen sie „Allesnäher"! Dabei ist es am besten, hochwertiges Garn von renommierten Herstellern zu verwenden; mit den eher preisgünstigen Garnen gerät das Nähen oft zur Geduldsprobe, wenn der Faden ständig abreißt. **Nähmaschinengarn** ist in unzähligen Farben und in verschiedenen Lauflängen erhältlich. Für Overlockmaschinen werden spezielle, sehr feine Garne angeboten. Zum Handnähen kann man Nähgarn aus reiner Seide verwenden, es ist etwas dicker als Polyestermaschinengarn und wird bei hochwertigen Stoffen eingesetzt. Und wer auch Knopflöcher von Hand näht, braucht zusätzlich **Knopflochseide**.

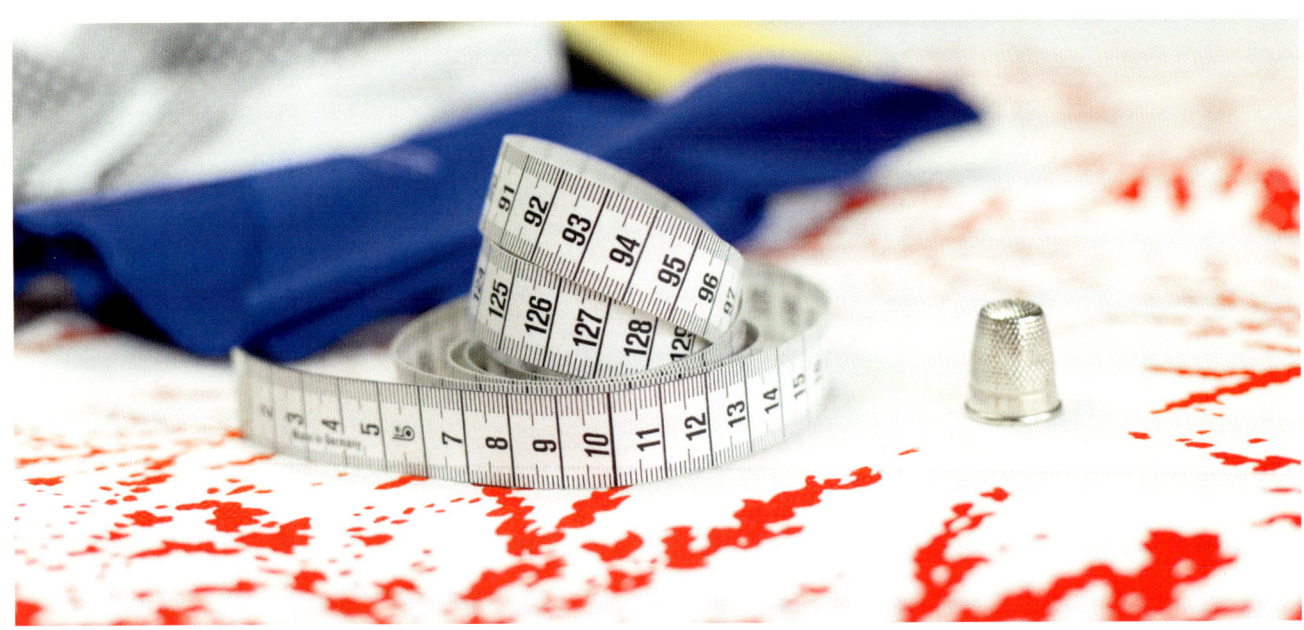

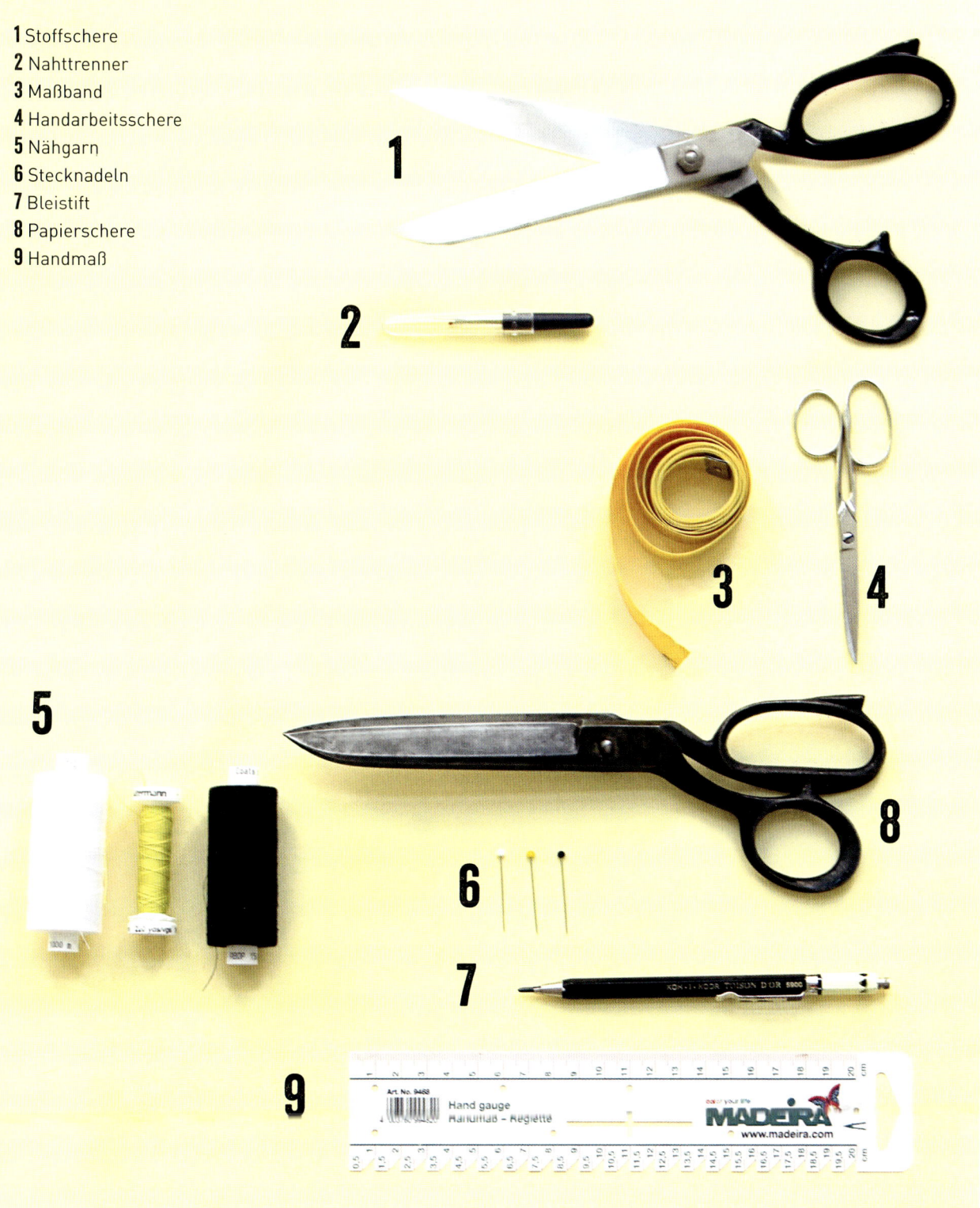

1 Stoffschere
2 Nahttrenner
3 Maßband
4 Handarbeitsschere
5 Nähgarn
6 Stecknadeln
7 Bleistift
8 Papierschere
9 Handmaß

NÄHMASCHINE

Jede Nähmaschine, auch ältere Modelle, verfügt über die gleichen Basis-
funktionen. Bevor Sie Ihre Maschine in Betrieb nehmen, sollten Sie prüfen,
ob alle Funktionen ihre Aufgabe erfüllen und das Zubehör vollständig ist.

STANDARDAUSSTATTUNG

Jede Nähmaschine hat eine Standardausstattung mit Nähfüßchen, Spulen und Zubehör. Achten Sie darauf, dass alle in
der Bedienungsanleitung angegebenen Utensilien dabei sind.

EINFÄDELN

Jede Nähmaschine arbeitet mit einem Unter- und einem
Oberfaden. Der Unterfaden muss auf eine Spule gewickelt
werden. Dazu gibt es eine Vorrichtung im oberen Bereich der
Nähmaschine. Ist die Spule aufgewickelt, legt man sie nach
Herstelleranweisung ein. Bei älteren Modellen legt man sie
in das Spulengehäuse, zieht den Faden heraus und setzt das
Gehäuse unten in die Maschine ein. Anschließend wird der
Oberfaden von „Station" zu „Station", genau nach Anleitung,
eingefädelt.

WICHTIGE FUNKTIONEN

Jede Nähmaschine kann bestimmte Funktionen ausführen,
wie Geradstich und Zickzackstich, das sind die wichtigsten,
und oft gibt es auch Elastikstich, Blind- oder Saumstich
und Overlockstich. Eine Knopflochautomatik gehört ebenfalls zu den Standardfunktionen. Je nach Modell werden
unterschiedliche Sticharten angeboten.

PROBENAHT

Bevor Sie mit den Schnittteilen loslegen, sollten Sie auf dem
Originalstoff mit doppelter Stofflage eine Nähprobe machen.
Prüfen Sie dabei, ob Unter- und Oberfaden im Stoff gleichmäßig Stiche bilden. Die Verschlingung der Fäden sollte sich
zwischen den Stofflagen befinden. Falls sich die Verschlingung (Knötchen) auf der Oberseite befindet, heißt das, dass
der Oberfaden zu stramm ist und die Fadenspannung gelo-
ckert werden kann. Falls sich die Verschlingung (Knötchen)
auf der Unterseite zeigt, kann die Oberfadenspannung höher-
gedreht werden.

Bei den meisten modernen Nähmaschinen kann man nur
die Oberfadenspannung einstellen, die Unterfadenspannung
wird automatisch reguliert. Der Regler für die Oberfadenspannung zeigt einen markierten Bereich an, der sich für
eine breite Auswahl von Stoffen eignet. Trotzdem ist es empfehlenswert, manchmal ein wenig zu experimentieren, bis
man die richtige Einstellung gefunden hat. Bei älteren und
Industrienähmaschinen lässt sich in der Regel auch die
Unterfadenspannung am Spulengehäuse einstellen. Dort
befindet sich eine kleine Schraube, die man mithilfe eines
Schlitzschraubendrehers vorsichtig fester oder lockerer dreht.

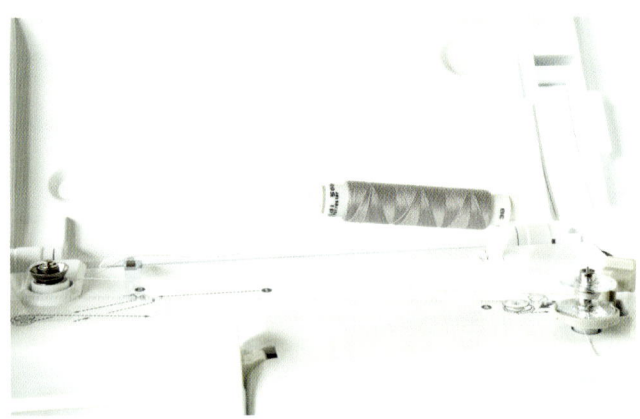

EINFÄDELN

PROBENAHT

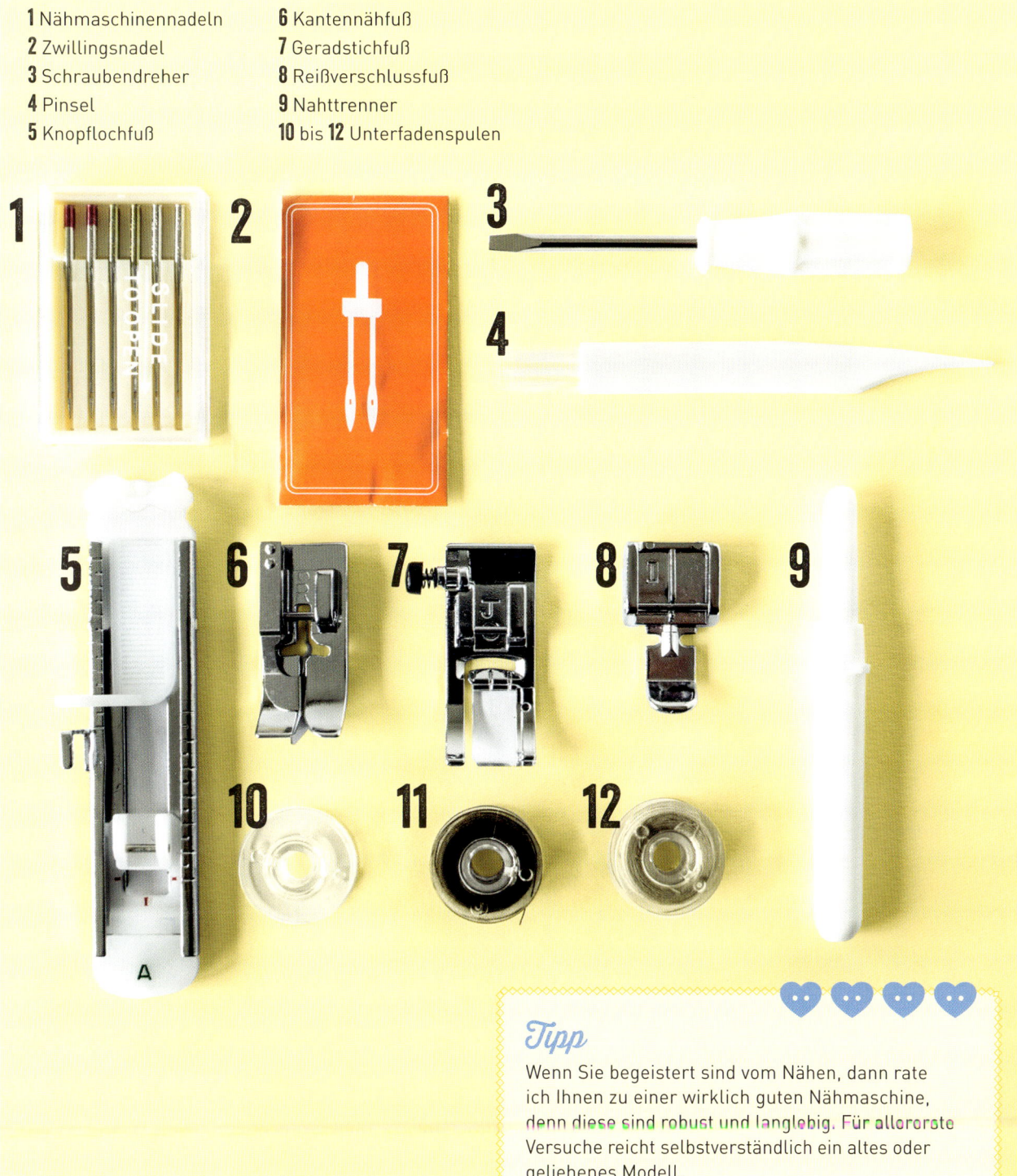

1 Nähmaschinennadeln
2 Zwillingsnadel
3 Schraubendreher
4 Pinsel
5 Knopflochfuß

6 Kantennähfuß
7 Geradstichfuß
8 Reißverschlussfuß
9 Nahttrenner
10 bis 12 Unterfadenspulen

Tipp

Wenn Sie begeistert sind vom Nähen, dann rate ich Ihnen zu einer wirklich guten Nähmaschine, denn diese sind robust und langlebig. Für allererste Versuche reicht selbstverständlich ein altes oder geliehenes Modell.

NÄHMASCHINE

Grundsätzlich gilt: Überlegen Sie, was Ihre Nähmaschine können sollte: Sollte sie sich nur für einfache Näharbeiten wie Steppen, Säumen und Reparaturarbeiten eignen, oder wollen Sie auch sticken oder patchworken? Lassen Sie sich im Fachhandel beraten und testen Sie dort verschiedene

Modelle. Beim Probenähen finden Sie schnell heraus, welcher Typ Nähmaschine Ihnen am besten zusagt. Die wichtigsten Funktionen, die Sie an jeder Nähmaschine finden können, werden Ihnen in dieser Übersicht vorgestellt. Sie werden immer wieder damit arbeiten.

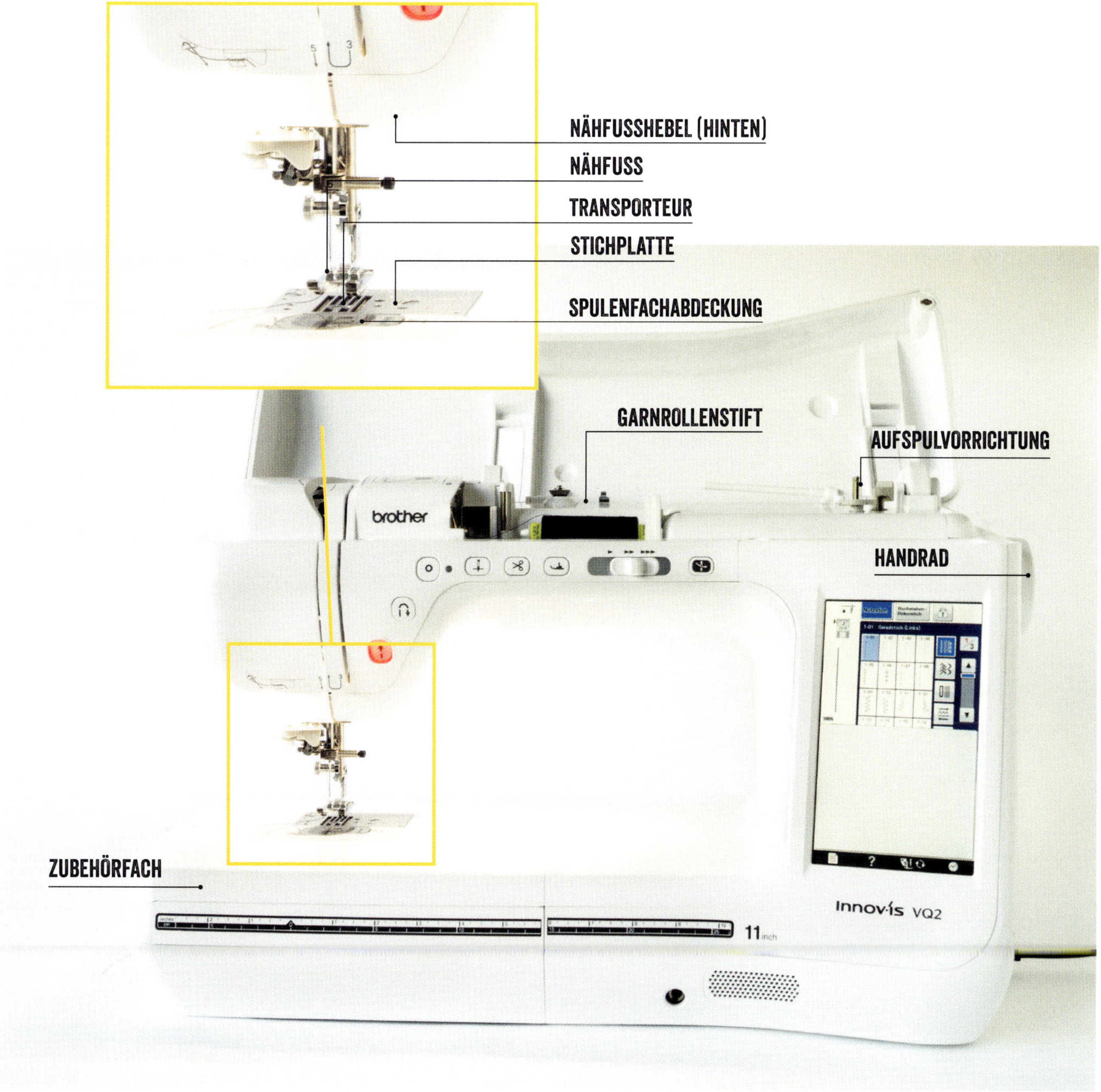

NÄHFUSSHEBEL (HINTEN)

NÄHFUSS

TRANSPORTEUR

STICHPLATTE

SPULENFACHABDECKUNG

GARNROLLENSTIFT

AUFSPULVORRICHTUNG

HANDRAD

ZUBEHÖRFACH

Innov-ís VQ2

NÄHEN VON HAND

WICHTIGE GRUNDLAGEN

Nach der Theorie kommt nun endlich die Praxis. Wir beginnen mit den ganz einfachen, jedoch sehr nützlichen Dingen: Nadel und Faden. Denn auch ohne Strom können Sie nähen – und ganz ohne Handstiche geht es nicht.

NÄHGARN UND NÄHNADEL

Um einen Knopf anzunähen, benötigen Sie eine Nähnadel und einen Nähfaden. Am besten eignen sich dazu lange dünne Nadeln (z. B. Länge 8, extradünn), weil diese leicht durch den Stoff gleiten. Der Faden zum Knopfannähen kann, wie weiter vorne bereits beschrieben (siehe Seite 16), ein Allesnäher aus Polyester sein.

EINFÄDELN

Wenn man den Faden doppelt verwenden möchte (z. B. zum Knopfannähen), kann man so vorgehen: Das Garn doppelt nehmen, Fadenschlinge durchs Nadelöhr schieben, die Fadenenden durch die Schlinge ziehen und diese dicht am Nadelöhr festziehen. An den Enden kann der Faden verknotet werden. Dann verdreht sich der Faden nicht so leicht.

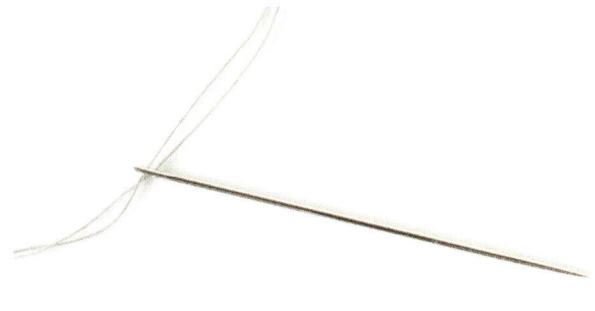

NÄHGARN UND NÄHNADEL

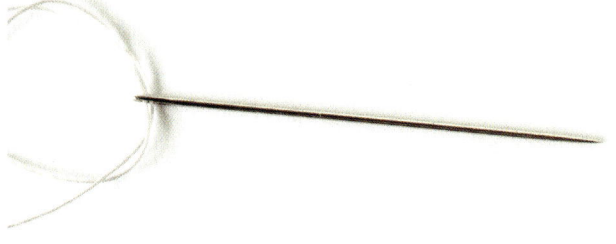

EINFÄDELN

Tipp

Das Einfädeln will nicht klappen? Probieren Sie es mit Anfeuchten des Fadenendes. Immer noch nicht? Legen Sie eine enge, straffe Schlinge um den Schaft der Nadel herum und führen Sie die Schlinge anstelle des geschnittenen Fadenendes durchs Öhr.

UNSICHTBARER SAUMSTICH

Wenn Sie bei Business-Kleidung eine formelle Hose oder einen Rock kürzen möchten, sollten Sie die Säume von Hand nähen – auf der Außenseite darf keine Naht zu sehen sein. Auch das Druck- oder Webmuster eines schönen Stoffs sollte nicht durch eine Steppnaht unterbrochen werden.
Zudem können Sie beim Handnähen einige gute Wünsche in den Saum einarbeiten. Ich persönlich liebe das Säumen von Hand, es entschleunigt mich und wirkt wie eine Meditation.

Übrigens: Bei sportiven Hosen oder Röcken können Sie die Säume ohne Weiteres mit der Nähmaschine steppen. In dem Fall rate ich Ihnen sogar dazu, weil es einfach besser zum Stil passt. Mehr dazu finden Sie in einem anderen Kapitel (siehe Seite 51).

GARN EINFÄDELN UND SAUM STECKEN

Fädeln Sie ein Stück Garn (nicht zu lang!) in die Nadel ein, machen Sie an einem Ende einen Knoten. Bügeln Sie den Saum um und stecken Sie ihn fest. Die übliche Saumbreite beträgt 3–4 cm.

DEN ERSTEN STICH MACHEN

Halten Sie das Teil so, dass die Bruchkante des Saums nach oben zeigt, klappen Sie die versäuberte Saumkante etwa 1 cm nach oben, sodass die Innenseite des Saums sichtbar ist, und stechen Sie dort mit einem Querstich ein.

SAUM FESTNÄHEN

Stechen Sie schräg nach unten in den äußeren Saumbereich, nehmen Sie dort 1–2 Gewebefäden auf, stechen Sie dann wieder schräg nach oben zur Bruchkante, nehmen Sie dort 2–3 Gewebefäden auf. Führen Sie die Nadel auf diese Weise immer abwechselnd von der umgeschlagenen Saumkante zum äußeren Saumbereich und umgekehrt.

FADEN ZUM SCHLUSS SICHERN

Sichern Sie den Saum in regelmäßigen Abständen mit einem Rückstich in der umgeschlagenen Saumkante. Vernähen Sie den Faden zum Schluss in der Saumkante mit Rückstichen.

WIE NÄHE ICH EINEN KNOPF PERFEKT AN?

Kennen Sie das? Gerade wollen Sie aus dem Haus gehen, da bemerken Sie, dass sich ein Knopf von der Kleidung gelöst hat oder nur noch an einem seidenen Fädchen hängt. Die folgenden Schritte zeigen, wie Sie Knöpfe annähen, damit sie ordentlich verarbeitet aussehen und ebenso gut halten.

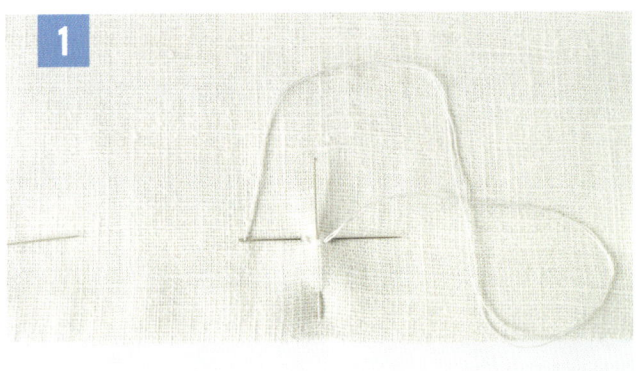

POSITION FÜR DEN KNOPF FESTLEGEN

Markieren Sie zunächst mit Stecknadeln die Stelle, an der der Knopf sitzen soll. Fädeln Sie das Garn in die Nadel ein und verknoten Sie die Enden miteinander, sodass der Faden doppelt liegt. Stechen Sie knapp neben der Markierung auf der Oberseite ein, dann quer durch beide Stofflagen, und stechen Sie knapp daneben wieder aus.

KNOPF ANNÄHEN

Nehmen Sie den Knopf und führen Sie die Nadel von unten durch die Lochung oder die Öse, stechen Sie dann durch die nächste Lochung wieder nach unten durch die beiden Stofflagen, ziehen Sie dabei den Faden nicht zu fest an, sondern lassen Sie etwa 0,5 cm Abstand zum Stoff.

STEG UNTER DEM KNOPF UMWICKELN

Wiederholen Sie diesen Vorgang bis zu sieben Mal. Stechen Sie dann wieder nach unten aus dem Knopf aus, wickeln Sie den Faden direkt unterhalb des Knopfs um den ganzen Fadensteg, bis der Knopf fest sitzt.

FADEN VERNÄHEN

Sichern Sie den Faden auf der Rückseite im Stoff mit einigen kurzen Rückstichen, so hält der Knopf perfekt! Durch den Abstand zwischen Knopf und Stoff hat die Leiste mit dem Knopfloch genügend Platz.

Wenn Sie Knöpfe nach dieser Methode annähen, sitzt das Kleidungsstück in geschlossenem Zustand perfekt. Entscheidend, gerade bei dickeren Stoffen, ist der Knopfsteg, denn ohne diesen wellt sich die Verschlussleiste, wenn die Knöpfe geschlossen sind. Und zudem entsteht auf der Rückseite der Knopfleiste kein Fadengewirr. Auch Knöpfe ohne Lochung werden so festgenäht, außer sie haben eine große Öse.

KNOPF MIT ÖSE: „ABSTANDSHALTER" ZUM STOFF

VIER-LOCH-KNOPF

ZWEI-LOCH-KNOPF

KNOPF OHNE LOCHUNG, MIT ÖSE

„KREATIVITÄT IST NICHT DAS ERZEUGEN VON DINGEN. KREATIVITÄT BESCHREIBT EINEN OFFENEN GEIST, DER DAS VORHANDENE SIEHT UND ETWAS NEUES DARAUS ENTSTEHEN LÄSST."

RÜCKSTICH

Den Rückstich verwenden Sie z. B., um kleine Nähte von Hand zu schließen oder schnell eine geplatzte Naht zu reparieren. Fädeln Sie das Garn doppelt ein und verknoten Sie die Fadenenden. Stechen Sie etwa 2 cm überlappend zur vorhandenen Naht ein und führen Sie die Nadel durch die zwei Stofflagen nach unten, stechen Sie nach etwa 1 cm wieder nach oben aus, führen Sie die Nadel etwa 0,5 cm zurück, stechen Sie nach unten, dann wieder nach 1 cm nach oben. Wiederholen Sie diese Stiche, bis die Naht geschlossen ist. Sichern Sie den Faden am Ende durch zwei kleine Stiche.

MATRATZENSTICH

Mit dem Matratzenstich kann man zwei Bruchkanten schließen, wie die Öffnung eines Füllkissens. Dieser Stich ist fast unsichtbar. Verwenden Sie den Faden wieder doppelt und sichern Sie den Knoten innen in der Bruchkante. Stechen Sie dort die Nadel aus und an der gegenüberliegenden Bruchkante wieder ein und schieben Sie die Nadel etwa 0,5 cm durch die Bruchkante. Führen Sie die Nadel auf diese Weise von einer Kante zur nächsten und immer etwa 0,5 cm durch die Bruchkante. Wiederholen Sie die Stiche, bis die Naht geschlossen ist. Vernähen Sie den Faden sorgfältig.

Tipp

Den Rückstich kann man auch gut als Zierstich einsetzen. Verwenden Sie kontrastfarbiges Knopflochgarn und nähen Sie damit von rechts Zierlinien mit großen Stichen, z. B. auf ein Kissen.

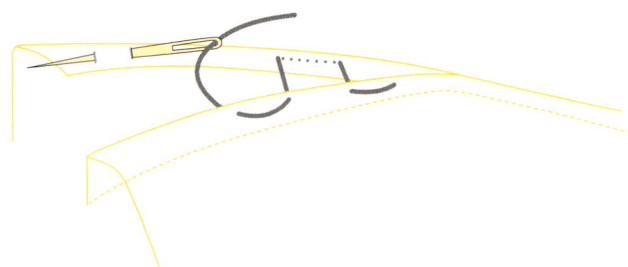

RÜCKSTICH

fast unsichtbar

MATRATZENSTICH

KNOPFSCHLINGE

Knopfschlingen brauchen etwas Zeit, um geknüpft zu werden. Aber es ist die Mühe auf jeden Fall wert, denn Sie werden mit einem schönen Ergebnis belohnt: Die handgenähten zierlichen Schlingen verleihen vor allem Oberteilen und Kleidern eine edle, elegante Ausstrahlung.

FADENSTEG NÄHEN

Markieren Sie die Position der Schlinge. Faden doppelt nehmen und Knoten im Stoff verankern. An einer der Markierungen ausstechen, eine Schlinge legen, an der zweiten Markierung einstechen und die Nadel durch die Bruchkante führen. Mit gleichem Abstand etwa vier Schlingen nähen.

FADENSTEG UMSCHLINGEN

Nun den Fadensteg fortlaufend (mit demselben Faden) mit Knopflochstich umschlingen: Dazu den Faden so von unten nach oben führen, dass sich eine Schlaufe bildet, dann die Nadel durch die Schlaufe führen und den Faden fest anziehen. Die Stiche mit Knötchen müssen dicht an dicht sitzen.

FADEN VERANKERN

Sichern Sie zum Schluss den Faden auf der Rückseite der Verschlussleiste durch zwei kleine Stiche.

DRUCKKNÖPFE ANNÄHEN

Druckknöpfe bestehen aus zwei Teilen: einem stärkeren Oberteil mit einer mittigen Vertiefung (mit Feder) sowie einem Unterteil mit einem mittigen Stift, der in die Vertiefung des Oberteils eingeknipst wird. Jedes dieser Teile hat mehrere Aussparungen zum Annähen. Hier im Beispiel werden zwei Druckknöpfe befestigt. Am wichtigsten dabei ist es, die Teile von der richtigen Seite zu verwenden.

BEIDE SEITEN MIT JE DREI STICHEN FIXIEREN

Platzieren Sie zuerst das Unterteil auf dem Stoff und nähen Sie es an einer der Aussparungen mit drei kurzen Stichen (über den Knopfrand) durch beide Stofflagen fest. Nähen Sie dann das Unterteil an der gegenüberliegenden Aussparung auf dieselbe Weise fest.

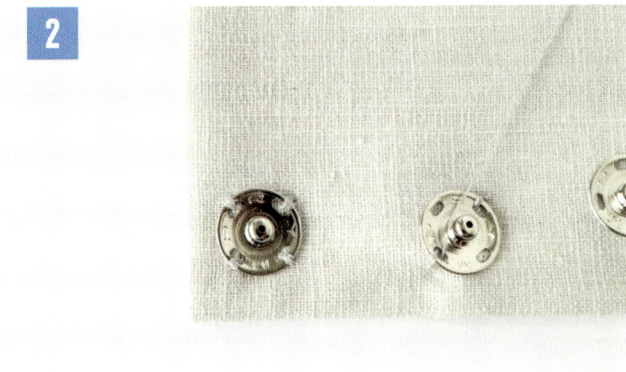

UNTERTEIL DURCH ALLE AUSSPARUNGEN FESTNÄHEN

Nähen Sie das Unterteil anschließend an den restlichen Aussparungen mit kurzen Stichen fest.

MIT DEM GEGENSTÜCK GENAUSO VERFAHREN

Platzieren Sie das Oberteil in der richtigen Position (die Vertiefung zeigt nach unten) und nähen Sie es wie das Unterteil an den Aussparungen mit kurzen Stichen über den Druckknopfrand fest. Vernähen Sie den Faden auf der Unterseite.

Voilà, Druckknöpfe fertig zum Gebrauch.

HAKEN UND ÖSEN ANNÄHEN

Haken und Ösen werden ganz ähnlich wie Druckknöpfe angenäht. Haken und Ösen als Verschlussvariante sind etwas zierlicher als Druckknöpfe und auf der Vorderseite des Kleidungsstücks kaum zu sehen. Allerdings halten Haken und Ösen weniger gut als Druckknöpfe und werden meist nur ergänzend verwendet, etwa um ein Reißverschlussende am Bund zu sichern.

ÖSE PLATZIEREN UND ANNÄHEN

Platzieren Sie die Öse an der gewünschten Stelle, nähen Sie sie zunächst durch einen der kleinen Ringe, dann durch den zweiten, mit mehreren Überwendlingsstichen (über den Ring) fest. Vernähen Sie den Faden auf der Rückseite.

HAKEN EBENSO PLATZIEREN UND FESTNÄHEN

Markieren Sie die Position des Hakens, platzieren Sie diesen auf dem Stoff und nähen Sie ihn wie die Öse auch jeweils an den kleinen Ringen rechts und links von der Mitte fest. Führen Sie den Faden dabei ebenfalls stets über den Ring.

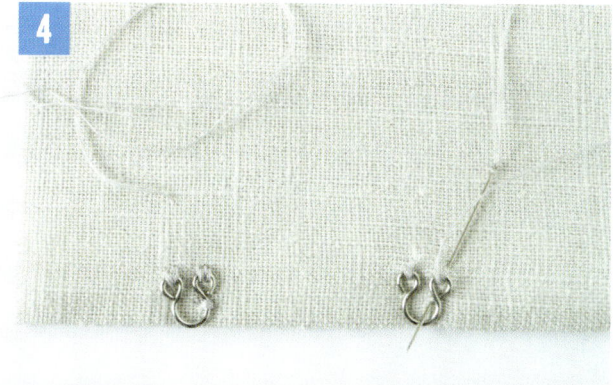

HAKEN UND ÖSE FIXIEREN

Um zu verhindern, dass Haken und Ösen sich bewegen, kann zusätzlich jeweils der obere Rand des kleinen Rings und die Mitte des Hakens ebenfalls mit einigen Stichen befestigt werden, die quer über Haken und Öse genäht werden.

FADEN VERANKERN

Vernähen Sie den Faden zum Schluss sorgfältig auf der Rückseite mit einigen kleinen Stichen.

HANDGENÄHTES KNOPFLOCH

Normalerweise näht die Nähmaschine das Knopfloch, der Vollständigkeit halber werden hier die Arbeitsschritte vorgestellt. Vielleicht haben Sie ja Lust, einmal ein Knopfloch von Hand auszuprobieren. Alles eine Frage der Übung: Je mehr Sie davon nähen, desto schöner werden sie.

KNOPFLOCH MARKIEREN UND VORNÄHEN

Markieren Sie die Größe und Position des Knopflochs mit Kreide, steppen Sie die Konturen dann mit der Nähmaschine (kleinen Stich einstellen), sodass es umgrenzt ist.

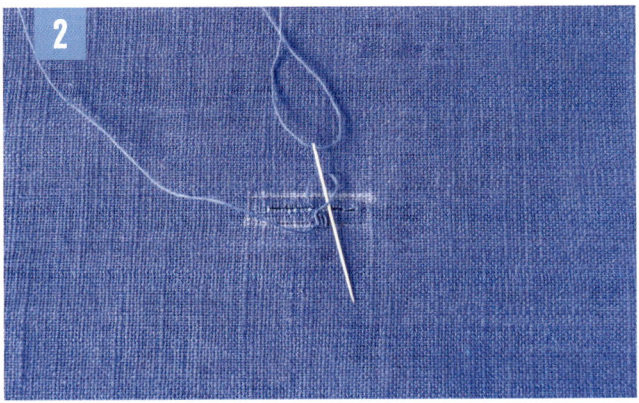

KNOPFLOCH EINSCHNEIDEN UND KANTEN UMSCHLINGEN

Schneiden Sie das Knopfloch mit einer spitzen Schere vorsichtig der Länge nach ein. Fädeln Sie Knopflochgarn ein und umschlingen Sie die Schnittkanten, indem Sie einen Überwendlingsstich nähen, den Faden dabei zur Schlinge legen und ihn durch diese hindurchziehen.

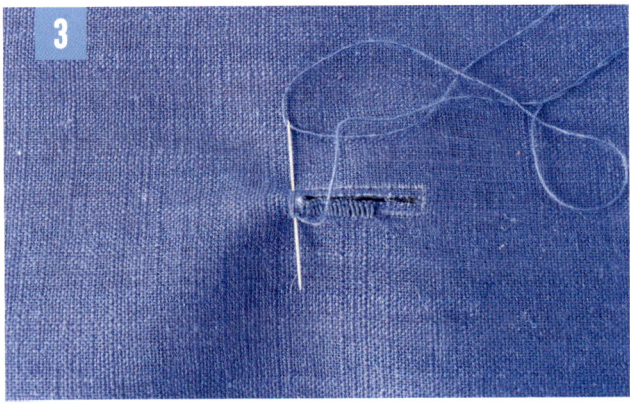

KNOPFLOCH RINGSUM UMSCHLINGEN

Setzen Sie die Stiche dicht an dicht, ziehen Sie den Faden fest an, damit sich die entstandenen Knötchen an der Kante gleichmäßig aneinanderreihen. Anfang und Ende mit einigen Querstichen sichern, diese genauso umschlingen.

Es gehört viel, viel Übung dazu, ein gleichmäßiges Knopfloch zu nähen. Nicht aufgeben!

NÄHEN MIT DER NÄHMASCHINE

WICHTIGE GRUNDLAGEN

Grundsätzlich gilt: Machen Sie eine Probenaht, bevor Sie loslegen!
Prüfen Sie, ob der Faden richtig eingefädelt ist, ob das Nähfüßchen das richtige
ist und ob das Garn die passende Farbe für den verwendeten Stoff hat.

BEGRIFFE

Diese Begriffe sollten Sie kennen: „Steppen Sie **füßchenbreit**"
bedeutet, die Stoffkanten liegen bündig mit der rechten Näh-
fußkante. „Steppen Sie **knappkantig** ab" bedeutet, dicht
(1–2 mm) neben der Naht oder Kante nähen. „Nähen Sie mit
einer **(Naht-)Breite** von 2 cm" bedeutet in dieser Breite von
der Kante entfernt steppen. „**Versäubern** Sie die Kanten"
meint mit Zickzackstich dicht an den Schnittkanten nähen.

NÄHGARN

Verwenden Sie am besten einen Allesnäher aus Polyester.
Mit der Garnstärke 120 kann man (fast) alle Stoffarten nähen.
Wählen Sie eine zum Stoff passende Garnfarbe. Grundsätzlich gilt: Das Garn sollte nicht zu dunkel sein, im Zweifelsfall
lieber das hellere wählen. Bei gemusterten Stoffen ist es
ratsam, die Garnfarbe auf den Grundton des Drucks oder
des Gewebes abzustimmen.

NÄHTE ALLGEMEIN

In der Regel werden Nähte mit einer Breite von 0,7–1 cm
gesteppt. Bei Seitennähten oder Nähten in der vorderen und
rückwärtigen Mitte kann man 1,5–2 cm breit nähen, um eine
Zugabe für eventuelle Änderungen zu haben. Gerundete
Verbindungsnähte sollten nicht breiter als 2 cm sein, da
sich sonst außen am Kleidungsstück Zugfalten bilden.

DIE WICHTIGSTEN STICHE

Am häufigsten zum Einsatz kommt der einfache **Steppstich**.
Die Stichlänge sollte 2–2,5 mm betragen. Vernähen Sie jede
Naht sorgfältig, d. h., nähen Sie am Anfang und Ende ein paar
Stiche mit der Rückwärtsfunktion der Nähmaschine zurück.
Versäubern Sie die Kanten anschließend mit einem **Zick-
zackstich** und achten Sie darauf, dass die Schnittkanten aller
Stoffteile davon umfasst werden. Für dehnbare Stoffe wie
Jersey können Sie den **Elastikstich** verwenden.

KNOPFLOCH

In meinen Kursen wird oft gleich am Anfang gefragt, wie
man ein Knopfloch näht –Vielen erscheint es kompliziert und
aufwendig. In der Hinsicht kann ich Sie beruhigen: Ihre Nähmaschine macht das Knopfloch, und das fast selbstständig!
Sie müssen nur der Bedienungsanleitung folgen.
Der **Knopflochfuß** ist leicht zu erkennen, er ist länger als die
anderen Nähfüßchen. Markieren Sie die Stelle, an der das
Knopfloch sitzen soll, und achten Sie darauf, den Knopflochfuß exakt an der Markierung aufzusetzen, wenn Sie mit dem
Nähen beginnen.

Tipp

Das Absteppen von breiteren Kanten kann zur Schlin-
gerpartie werden, wenn man nichts markiert hat.
Doch hier gibt es Abhilfe: Auf der Stichplatte befinden
sich Maßangaben, an denen man die Stoffkanten
beim Absteppen entlangführen kann.

EINFACHER STEPPSTICH

VERSÄUBERN MIT ZICKZACKSTICH

ELASTIKSTICH FÜR DEHNBARE STOFFE

KNOPFLÖCHER NÄHEN IST EINFACH – MIT DEM KNOPFLOCHFUSS.

NÄHTECHNIKEN

Für die Wege, die Sie beim Nähen nehmen, gibt es gar nicht so viele Varianten: Im Grunde nähen Sie entweder geradeaus, um die Ecke herum oder Sie nähen Kurven. Hier zeige ich Ihnen, wie Sie das jeweils richtig anstellen.

EINFACHE NAHT

Bei einer einfachen Naht legen Sie die zwei Stoffteile, die verbunden werden sollen, **rechts auf rechts** (rechte Stoffseite ist die Außenseite, linke Stoffseite ist die Rückseite eines textilen Materials). Legen Sie die Stoffkanten genau bündig aufeinander, stecken oder heften Sie die Teile und steppen Sie dann die Naht in der vorgesehenen Breite. Nähen Sie dabei am Anfang und Ende jeweils ein paar Stiche zurück (das heißt im Fachjargon auch **„vernähen"**, **„Naht sichern"** oder **„Naht verriegeln"**).

Tipp

Wenn Sie Kanten mit Zickzackstich versäubern, kann es sein, dass sich der Stoff ziemlich wellt, das kommt vor bei Kanten im schrägen Fadenlauf (wie bei Glockenröcken) und bei dehnbaren Stoffen. Da hilft nur eines: Die Wellen schön flach bügeln!

UNTERSCHIEDLICHE STICHLÄNGEN

Die normale Stichlänge für eine einfache Naht lässt sich am entsprechenden Nähmaschinenregler einstellen, sie liegt bei 2–3. Wird eine größere Stichlänge gewählt, sind die Nähte weniger haltbar, sie ziehen sich auseinander. Für bestimmte Verarbeitungsmethoden braucht man jedoch einen solch lockeren Stich, und zwar wenn man ein Stoffteil wie einen Ärmel an der Armkugel einkräuseln möchte. Dann wählt man die größtmögliche Stichlänge und lässt am Anfang und am Ende den Faden hängen, ohne ihn zu vernähen. Zum Versäubern mit Zickzackstich reicht eine Stichlänge von 2–3 und eine Stichbreite (auch sie lässt sich einstellen!) von 4–5. Die größte Stichlänge, meist 5 mm, kann man auch zum provisorischen Heften verwenden, die 3er-Länge kann für Nähte bei etwas gröber gewebten Stoffen verwendet werden, die mittlere (2,5 mm) ist für Allroundnähte und Standard, die kleinere Einstellung für gerundete und eckige Partien, z.B. wenn eine Spitze abgesichert werden soll, die anschließend eingeschnitten wird, und die kürzeste Stichlänge kann zum Absichern von Schnittkanten verwendet werden, wenn sich der Stoff mit Zickzackstich nicht versäubern lässt.

ECKEN UND RUNDUNGEN NÄHEN

Ecken und Rundungen werden auf ganz unterschiedliche Weise genäht, wie unten erklärt. Beim Nähen um die Ecke stellen Sie das Nähfüßchen hoch, wohingegen Sie das beim Nähen von Rundungen unbedingt vermeiden sollten.

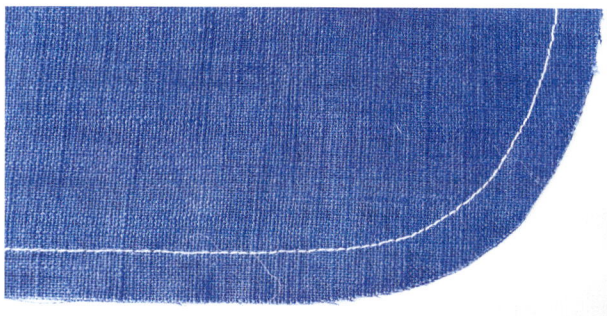

Ecke nähen (linke Stoffseite): Steppen Sie bis zum markierten Eckpunkt, lassen Sie die Nadel im Stoff stecken und stellen Sie das Nähfüßchen mithilfe des Hebels hoch. Drehen Sie dann den Stoff um die Ecke, also im rechten Winkel zur ersten Naht, und steppen Sie weiter. Schneiden Sie die Ecke schließlich stumpf ab, aber Vorsicht – nicht zu nah an die Naht heranschneiden!

Rundung nähen (linke Stoffseite): Die Nahtzugabe darf dafür nicht zu breit sein (0,7–1 cm). Legen Sie die Teile an den Kanten aufeinander, stecken oder heften Sie sie. Stellen Sie einen kleinen Stich ein und nähen Sie nur kurze Strecken, das Nähfüßchen soll parallel zu den Stoffkanten laufen. Nähen Sie langsam (oder schrittweise) und führen Sie die Stofflagen so, dass sich die Nahtzugabe nicht wellt.

Ecke nähen (rechte Stoffseite): Wenden Sie das Stoffteil nach rechts und stülpen Sie die Ecke heraus – dazu jedoch nichts Spitzes verwenden. Bügeln Sie die Kanten sorgfältig.

Rundung nähen (rechte Stoffseite): Schneiden Sie die Nahtzugaben stufenweise zurück und wenden Sie das Stoffteil. Naht und Nahtzugaben liegen innen. Bügeln Sie die Kanten.

„MODE IST NICHTS, WAS NUR IN KLEIDUNG EXISTIERT. MODE IST IN DER LUFT, AUF DER STRASSE, MODE HAT ETWAS MIT IDEEN ZU TUN, MIT DER ART, WIE WIR LEBEN, MIT DEM, WAS PASSIERT."

COCO CHANEL

FRANZÖSISCHE NAHT

Wie der Name schon vermuten lässt, kommt die französische Naht aus der Haute Couture. In ihren Anfängen standen Versäuberungsmöglichkeiten wie Zickzackstiche oder Overlock-Stiche noch nicht zur Verfügung. Eine französische Naht ist zwar aufwendiger zu nähen als eine einfache, sieht aber von innen sehr viel schöner aus. Die französische Naht eignet sich hervorragend für Blusen, Kleider und Röcke aus leichten Stoffen wie Baumwollbatist, Viskose und Viskosemischungen und für viele Seidenarten. Die französische Naht sorgt für ein hübsches Innenleben ohne Futter.

TEILE LINKS AUF LINKS STECKEN UND NÄHEN

Legen Sie die Stoffteile links auf links, stecken oder heften Sie sie und steppen Sie dann mit einer Nahtbreite von 0,75 cm. Sichern Sie die Naht an Anfang und Ende.

NAHTZUGABEN AUSEINANDERBÜGELN

Bügeln Sie anschließend die Nahtzugaben auseinander.

ZWEITE NAHT STEPPEN

Falten Sie die Teile so an der Nahtkante zusammen, dass die rechten Stoffseiten aufeinander liegen, stecken oder heften Sie die Kante. Steppen Sie dann eine zweite Naht mit einer Breite von 1 cm. Durch die breitere Naht wird die erste eingeschlossen und die Nahtzugaben liegen verdeckt.

FERTIGE NAHT AUF DER RECHTEN STOFFSEITE

Bügeln Sie die Naht von links zu einer Seite um. So sieht die französische Naht von der rechten Seite aus.

Vorsicht
FÜR DICKE, FESTE STOFFE IST DIE NAHT NICHT GEEIGNET.

KAPPNAHT

Die Kappnaht ist wie die französische Naht eine Doppelnaht ohne offene Schnittkanten. Durch die sichtbaren parallelen Stepplinien wirkt die Kappnaht im Vergleich zur französischen Naht etwas funktioneller. Sie hat den Vorteil, dass sie flach ist und sich gut für sportliche Looks eignet. Auch die Kappnaht sorgt für ein schönes Innenleben ohne Futter.

TEILE LINKS AUF LINKS STECKEN UND NÄHEN

Legen Sie die Teile links auf links, dabei sollte die untere Kante 1 cm überstehen, und stecken Sie sie fest. Steppen Sie eine Naht mit einer Breite von 1,5 cm, ausgehend von der unteren Schnittkante (somit hat das obere Teil eine Nahtbreite von nur 0,5 cm).

NAHTZUGABEN AUSEINANDERBÜGELN

Bügeln Sie anschließend die Naht auseinander, es gibt nun eine schmale und eine breite Nahtzugabe.

SCHNITTKANTEN UMBÜGELN

Falten Sie dann die untere breite Zugabe zur Naht hin (die Schnittkante liegt dann am Nahtschatten) und bügeln Sie sie fortlaufend und möglichst gleichmäßig in den Bruch.

BÜGELKANTE ÜBER NAHTZUGABE KLAPPEN

Klappen Sie dann diese gebügelte Bruchkante über die schmale Nahtzugabe zur Seite und bügeln Sie noch einmal sorgfältig den gesamten Umbruch.

Vorsicht
FÜR SEHR DICKE, FESTE STOFFE IST DIESE NAHT NICHT GEEIGNET.

BRUCHKANTE KNAPPKANTIG ABSTEPPEN

Stecken oder heften Sie zum Schluss die umgeklappte Bruchkante und steppen Sie sie knappkantig fest.

Tipp

Kappnähte eignen sich gut für Kleidungsstücke, die oft gewaschen werden, wie etwa Blusen und Hemden, aber auch für Stofftaschen. Die Nähte können auch mit andersfarbigem Garn gesteppt werden – so hat man gleich eine hübsche Zierlinie!

KUVERT- ODER BRIEFECKE

Kuvertecken bieten sich z. B. an für Tischdecken, Tischsets, Servietten oder, wenn man Kleidungsstücke hochwertig verarbeiten möchte, für Schlitzecken an Ärmeln oder Röcken. Eine wichtige Voraussetzung für diese Verarbeitungsmethode ist, dass beide Saumkanten gleich breit sind. Tischwäsche ist leicht zu nähen und eignet sich wunderbar als Geschenk.

ECKE MITHILFE DER VORLAGE ANZEICHNEN

Erstellen Sie einen Papierschnitt für die Tischdecke (oder das gewünschte Teil). Legen Sie die Schnittvorlage auf den Stoff, schneiden Sie ihn mit Saumzugabe zu und markieren Sie eine Ecke im 45-Grad-Winkel.

ECKE ABSCHNEIDEN

Schneiden Sie die Ecke exakt ab. Versäubern Sie ringsum die Schnittkanten, sie bleiben auf der Rückseite sichtbar. (Hier im Beispiel bleiben sie offen.) Die geraden Kanten können auch eingeschlagen und gesäumt oder festgesteppt werden.

ECKNAHT NÄHEN

Legen Sie den Stoff an der abgeschrägten Kante rechts auf rechts zur Mitte und steppen Sie eine 1 cm breite Naht. Sichern Sie Anfang und Ende der Naht mit Rückstichen.

NAHT GLATT STREICHEN

Streichen Sie dann die Naht mit dem Daumennagel auseinander und klappen Sie das Nahtende zu einem Hütchen um. Dieses bitte nicht abschneiden, da es die Ecke verstärkt.

5

Vorsicht
STEPPEN SIE JEDE ECKE MIT DERSELBEN NAHTBREITE, SONST WIRD DAS TEIL ASYMMETRISCH.

KUVERTECKE WENDEN

Stülpen Sie die Kuvertecke zur rechten Seite um, bügeln Sie die Naht und dann fortlaufend die Kanten um. Achten Sie darauf, dass die Saumkanten gleichmäßig breit sind. Hier im Beispiel hat die Kuvertecke offene Kanten. Diese können bereits zuvor gesäumt werden (siehe Schritt 2).

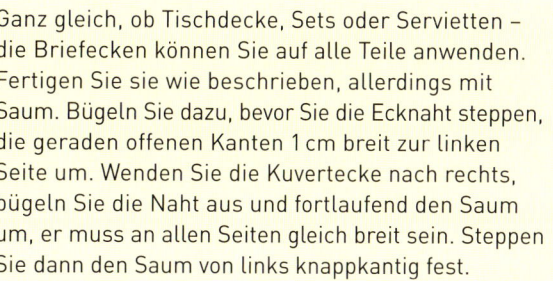

Tipp

Ganz gleich, ob Tischdecke, Sets oder Servietten – die Briefecken können Sie auf alle Teile anwenden. Fertigen Sie sie wie beschrieben, allerdings mit Saum. Bügeln Sie dazu, bevor Sie die Ecknaht steppen, die geraden offenen Kanten 1 cm breit zur linken Seite um. Wenden Sie die Kuvertecke nach rechts, bügeln Sie die Naht aus und fortlaufend den Saum um, er muss an allen Seiten gleich breit sein. Steppen Sie dann den Saum von links knappkantig fest.

ABNÄHER

Ein Abnäher ist ein keilförmiger Bereich, der abgenäht wird, um eine bessere Passform zu erzielen. Der Inhalt des Abnähers bleibt in den meisten Fällen erhalten, bei dicken Stoffen wird er aufgeschnitten. Abnäher können an verschiedenen Positionen sitzen, wie etwa an Brust, Taille oder Schulter.

Beim geraden Rock sind je zwei Abnäher an Vorder- und Rückteil unverzichtbar. Die Differenz zwischen Hüfte und Taille kann nicht allein an der Seitennaht weggenommen werden, sie würde zu stark gerundet sein. Die Abnäher gleichen diese Differenz gleichmäßig verteilt ringsum aus.

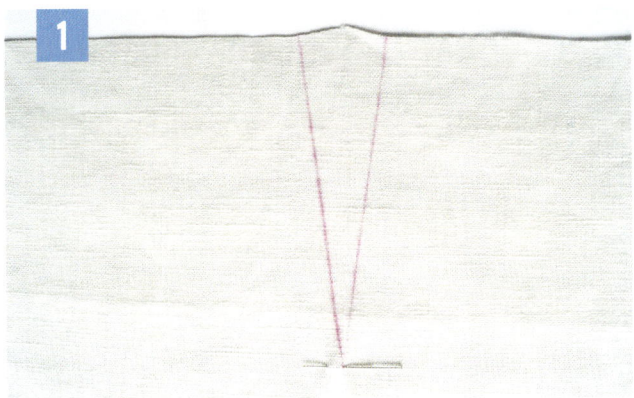

ABNÄHER AUF DEN STOFF ÜBERTRAGEN

Übertragen Sie alle Abnäher vom Schnitt auf die linke Seite der Stoffteile: Schneiden Sie dazu den Abnäher des Papierschnitts einseitig bis zur Spitze ein, klappen Sie ihn zurück und zeichnen Sie ihn mit Schneiderkreide auf die Stoffteile.

ABNÄHER FALTEN UND STECKEN

Falten Sie den Abnäher längs zur Hälfte und stecken Sie ihn an der Kreidelinie fest. Achten Sie darauf, dass die markierten Nahtlinien beim Feststecken exakt übereinstimmen.

ABNÄHER STEPPEN

Steppen Sie den Abnäher von oben nach unten. Sichern Sie ihn an Anfang und Ende mit einigen Stichen. Bei dünneren Stoffen ist es ratsam, das Ende nicht zu vernähen, sondern die Enden des Nähfadens zu verknoten.

ABNÄHER UMBÜGELN

Bügeln Sie die Abnäher flach, und dann, je nach Modell, jeweils zur vorderen bzw. rückwärtigen Mitte des Teils um.

EINFACHER UND DOPPELTER SAUM

Sehr leicht zu nähen sind der einfache und der doppelt eingeschlagene Saum. Beide werden häufig eingesetzt, vor allem bei Hosenbeinen, aber auch bei Röcken. Beim Zuschnitt muss die Saumzugabe stets hinzugefügt werden, außer man hat einen Fertigschnitt. Bei diesem sind Naht- und Saumzugaben meist schon enthalten.

NAHTZUGABE NACH INNEN BÜGELN

Hosen im sportlichen Look oder Jeans können doppelt gesäumt werden. Legen Sie die Nahtzugabe (üblicherweise 3–4 cm) und die fertige Saumbreite fest. Bügeln Sie die Kanten zunächst 1 cm auf die linke Stoffseite um.

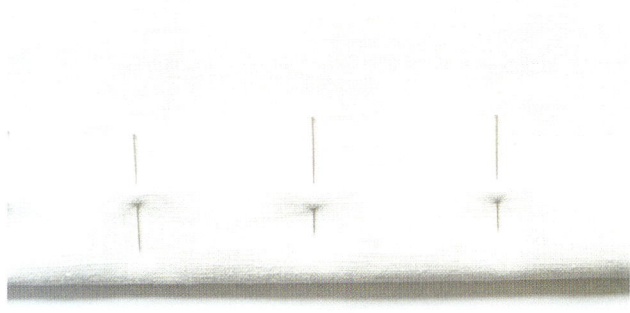

KANTE NOCH EINMAL UMSCHLAGEN UND STECKEN

Schlagen Sie dann die Bruchkante erneut nach innen um (beachten Sie die restliche Nahtzugabe, der Saum muss nun die fertige Länge haben), stecken Sie den Saum und steppen Sie ihn knappkantig fest.

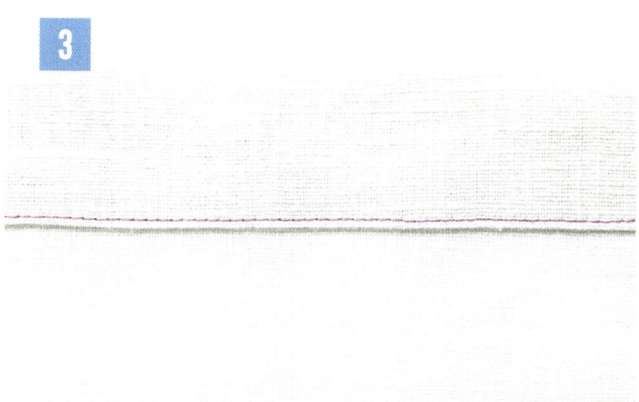

EINFACHEN SAUM NÄHEN

Sichern Sie Anfang und Ende mit einigen Rückstichen. Wenn Sie den Saum nur einfach umschlagen wollen, versäubern Sie vorher die Schnittkanten, stecken dann den Saum um und nähen die Kante ebenfalls von der linken Seite fest.

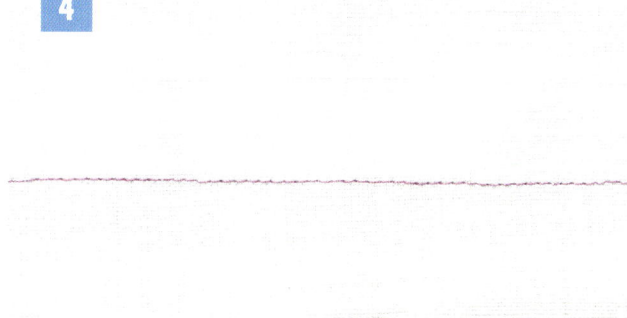

DER SAUM IST FERTIG

Auf der rechten Stoffseite sieht man die Steppnaht des maschinengenähten Saums.

Ob verdeckt oder offen eingenäht, der Reißverschluss hält alles zusammen.

VERDECKTER REISSVERSCHLUSS

SICHTBAR EINGENÄHTER REISSVERSCHLUSS

Tipp

Einen Reißverschluss einzunähen ist immer eine knifflige Sache, denn dabei kann sich die Stoffkante verschieben. Wenn Sie ihn mit kleinen Stichen festheften, lässt er sich leichter befestigen.

REISSVERSCHLUSS VERDECKT EINNÄHEN

Es gibt unterschiedliche Möglichkeiten einen Reißverschluss einzunähen. Eine einfache, klassische Variante stellt der verdeckte Reißverschluss dar, der sich z. B. für sportliche Röcke, Kissenbezüge und Taschen eignet. Sie benötigen dazu einen Reißverschlussfuß, der zum Standardzubehör einer Nähmaschine gehört. Für die üblichen Rockschnitte sollte der Reißverschluss eine Länge von 20 cm haben. Er wird in der Regel in die mittlere rückwärtige Naht eines Rocks eingesetzt, manchmal auch an der Seite, in jedem Fall muss die Nahtzugabe mindestens 2 cm breit sein.

TEILE RECHTS AUF RECHTS LEGEN UND ZUSAMMENNÄHEN

Stecken Sie die Rockteile (oder andere) an der rückwärtigen Mitte rechts auf rechts aufeinander. Markieren Sie ab der oberen Kante die Reißverschlusslänge und steppen Sie die mittlere Naht mit einer Breite von 2 cm, bis zur Markierung. Nahtanfang und -ende sichern. Versäubern Sie die Schnittkanten und bügeln Sie die Naht aus und fortlaufend die Kanten um. Setzen Sie nun den Reißverschlussfuß ein.

REISSVERSCHLUSSPOSITION FESTLEGEN

Legen Sie das rückwärtige Rockteil sowie den Reißverschluss mit der rechten Seite nach oben auf die Arbeitsfläche. Stecken Sie den geöffneten Reißverschluss so unter die Bruchkante, dass die Reißverschlusszähnchen knapp (ca. 2 mm) verdeckt sind. Heften Sie den Reißverschluss fest (in unserem Beispiel wurde der Reißverschluss nur gesteckt).

REISSVERSCHLUSS FESTSTEPPEN

Den Reißverschluss von oben beginnend mit einer Breite von ca. 0,5 cm an der linken Seite feststeppen, Anfang vernähen.

REISSVERSCHLUSS SCHLIESSEN

Ca. 5 cm vor der Mittelnaht die Nadel im Stoff stecken lassen, Füßchen hochstellen und Reißverschluss schließen.

NÄHFÜSSCHEN WIEDER SENKEN

Senken Sie den Nähfußhebel wieder und nähen Sie weiter bis zum Ende des Reißverschlusses. Vorsicht, nähen Sie nicht über die Zähnchen, sondern bis zum flachen Ende!

QUERNAHT AM REISSVERSCHLUSSENDE NÄHEN

Lassen Sie die Nadel am Reißverschlussende im Stoff stecken, stellen Sie das Nähfüßchen wieder hoch, drehen Sie das Stoffteil im rechten Winkel und nähen Sie langsam quer bis zur rückwärtigen Mittelnaht. Zählen Sie dabei die Stiche und führen Sie die Quernaht fort, indem Sie die gleiche Anzahl der Stiche auf dem rechten Teil nähen.

UM DIE ECKE NÄHEN

Stellen Sie das Füßchen hoch, die Nadel bleibt im Stoff, drehen Sie das Teil erneut im rechten Winkel und steppen Sie an der gegenüberliegenden Seite etwa 5 cm nach oben.

REISSVERSCHLUSS AN DER ANDEREN KANTE FESTSTEPPEN

Lassen Sie nach dem kurzen Stück die Nadel wieder im Stoff stecken, damit das Teil nicht verrutschen kann. Stellen Sie das Nähfüßchen hoch und öffnen Sie den Reißverschluss.

REISSVERSCHLUSSNAHT AM ENDE SICHERN

Steppen Sie gleichmäßig weiter bis zum oberen Ende des Reißverschlusses. Sichern Sie das Nahtende, bügeln Sie das Ganze zum Schluss vorsichtig von der Rückseite, fertig!

FERTIG EINGENÄHTER REISSVERSCHLUSS

So sieht der verdeckt eingenähte Reißverschluss von der Rückseite der rückwärtigen Rockteile aus.

Tipp

Unser Beispiel wurde fast ohne Stecken oder Heften genäht. Natürlich sollten Sie den Reißverschluss zuvor ordentlich fixieren, damit er nicht verrutscht und parallel zur Kante liegt. Halten Sie die Stoffkante beim Festheften leicht ein, damit sich der Reißverschluss nach dem Einnähen nicht wellt.

REISSVERSCHLUSS SICHTBAR EINNÄHEN

Ein sichtbar eingenähter Reißverschluss kann als dekoratives Element eingesetzt werden, wie etwa als Blickfang am Rückenteil eines Kleids oder als sportliches Detail am Vorderteil eines Blousons. Die Verarbeitungsmethode ist anders als beim verdeckten Reißverschluss, aber nicht aufwendiger.

STOFFTEILE VORBEREITEN UND REISSVERSCHLUSS

Bereiten Sie zunächst die Stoffteile wie für den verdeckten Reißverschluss vor (siehe Seite 53). Legen Sie den Reißverschluss rechts auf rechts (mit der Vorderseite auf die Außenseite des Stoffs) an das linke Stoffteil, und zwar bündig, Kante an Kante. Stecken Sie den Reißverschluss fest.

LINKE REISSVERSCHLUSSHÄLFTE FESTNÄHEN

Öffnen Sie den Reißverschluss und nähen Sie mit dem Reißverschlussfuß so nah wie möglich an den Zähnchen entlang. Sichern Sie den Nahtanfang durch einige Rückstiche.

REISSVERSCHLUSS ZUZIEHEN

Steppen Sie bis ca. 5 cm vor der Mittelnaht, lassen Sie die Nadel im Stoff stecken, stellen Sie das Nähfüßchen hoch und ziehen Sie den Reißverschluss vorsichtig zu.

WEITERSTEPPEN BIS ZUM REISSVERSCHLUSSENDE

Steppen Sie weiter bis zum unteren Reißverschlussende und sichern Sie das Nahtende mit Rückstichen.

DEN ANFANG DER RECHTEN REISSVERSCHLUSSHÄLFTE STEPPEN

Legen Sie den Reißverschluss wieder bündig an der gegenüberliegenden Stoffkante an, und nähen Sie auf dieselbe
Weise wie bisher die ersten 5 cm fest.

RECHTE REISSVERSCHLUSSHÄLFTE FESTNÄHEN

Öffnen Sie den Reißverschluss wie in Schritt 3. Falls Sie
nicht nah genug am Zipper vorbeikommen, können Sie
auch auf dem geschlossenen Reißverschluss weiternähen.
Sichern Sie das Reißverschlussende durch Vernähen.

DER FERTIG EINGENÄHTE REISSVERSCHLUSS

So sieht der sichtbar eingenähte Reißverschluss von der
Rückseite des Kleidungsstücks aus.

Tipp

Diese Variante wird z. B. gerne bei Taschen und
bei sportlichen Jacken eingesetzt. Achten Sie beim
Nähen darauf, dass die Reißverschlusszähnchen
frei liegen, damit sich der Stoff beim Öffnen oder
Schließen des Reißverschlusses nicht einklemmt.

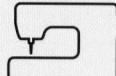

„WENN MAN MIT DEN HÄNDEN ARBEITET, WERDEN DENKEN, FÜHLEN UND HANDELN WIEDER EINS."

GERALD HÜTHER

DEKORATIVE NÄHTECHNIKEN

Neben den nützlichen Stichvarianten gibt es auch die Möglichkeit, Nähte nur dekorativ einzusetzen. Je nach Nähmaschinenmodell können Sie zwischen den unterschiedlichsten Zierstichen wählen.

DEKORATIVE NÄHSTICHE

Ob Sie die Zierstiche zum Verschönern einer Kante oder eines Saums benutzen, bleibt Ihnen überlassen. Sie könnten sie z. B. einsetzen, um den Saum einer Tischdecke mit einer Herzchenbordüre zu schmücken. Mit folgenden Maschinenstichen lassen sich Ihre Projekte verzieren:

Zierstich
Doppelsteppstich
Kontrastnaht
Knappkantige Naht
Zickzacknaht

Tipp

Wenn Sie mit einer Nähmaschine arbeiten, die nicht mit ganz so vielen Zierstichen aufwarten kann, ist das wahrhaftig kein Manko. Auch mit Zwillingsnadel, Zickzackstich und Garnvarianten lassen sich tolle Muster und Verzierungen zaubern!

Eine Bordüre ist schnell gestickt und macht echt was her!

MASCHINENZIERSTICHE

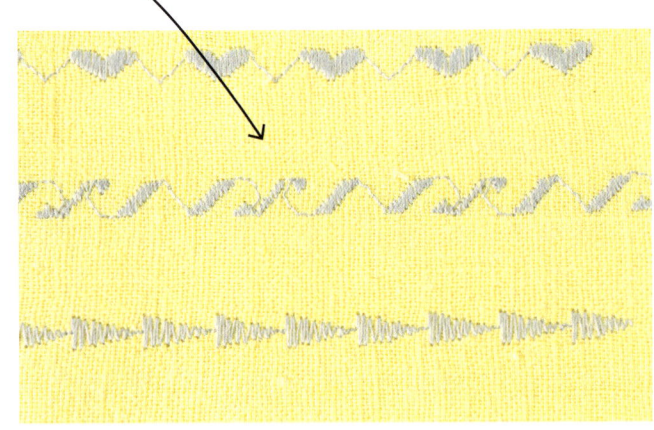

MASCHINENZIERSTICHE

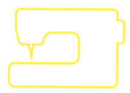

EINREIHEN UND RÜSCHEN NÄHEN

Rüschen werden gerne als Saumabschluss für Röcke und Kleider verwendet. Auch Ärmelabschlüsse und Ausschnitte lassen sich so gut verschönern. Für eine Rüsche braucht man etwa die 1,7-fache Länge der Stoffkante, an die sie genäht werden soll. Am besten, Sie stecken zunächst zur

Probe einen gerafften Stoffstreifen provisorisch an der Stoffkante fest, um zu entscheiden, wie stark der Stoff gereiht sein darf. Bei sehr feinen und leichten Materialien kann man sogar die doppelte bis dreifache Kantenlänge einplanen, bei festen und schweren Stoffen entsprechend weniger.

RÜSCHE ZUSCHNEIDEN UND KRÄUSELNÄHTE STEPPEN

Schneiden Sie die Rüsche in gewünschter Länge und Breite zu, hier ist es die 1,7-fache Länge der Kante, an die sie genäht wird. Stellen Sie die größtmögliche Stichlänge (4–5 mm) ein. Steppen Sie an der Reihkante zwei Nähte im Abstand von 0,5 cm, ohne zu vernähen, lassen Sie jeweils an Anfang und Ende einen ca. 10 cm langen Faden hängen.

RÜSCHE EINREIHEN

Trennen Sie nun jeweils an einer Seite die Ober- von den Unterfäden, halten Sie beide Oberfäden fest und schieben Sie den Stoff gleichmäßig zusammen, bis die Rüsche die Länge der Kante hat, an die sie genäht werden soll.

Vorsicht
BEI DICKEN, FESTEN STOFFEN IST EINREIHEN WENIGER VORTEILHAFT.

RÜSCHE FESTNÄHEN

Stellen Sie die Stichlänge wieder auf die übliche Größe ein (2,5 mm). Stecken Sie die gerüschte Stoffkante rechts auf rechts an die glatte und nähen Sie Sie zwischen den zwei Reihnähten fest. Ziehen Sie den unteren Reihfaden heraus.

NAHTZUGABEN FESTSTEPPEN

Versäubern Sie beide Kanten gemeinsam und bügeln Sie die Nahtzugaben in das glatte Stoffteil. Steppen Sie diese dann von rechts auf dem glatten Teil knappkantig, also dicht neben der Ansatznaht fest.

FALTEN LEGEN UND NÄHEN

Durch eingelegte Falten kann man großes Stoffvolumen auf dekorative Weise auf ein gewünschtes Maß bringen. Berechnen Sie, wie viel Mehrweite Sie in Falten legen wollen, bestimmen Sie die Anzahl der Falten und die gewünschte fertige Breite, auf der die Falten untergebracht werden.

Beispielrechnung für einen Faltenrock mit einer Taillenweite von 72 cm: Vorder- und Rückteil sollen jeweils eine fertige Weite von 36 cm und 9 Falten haben, mit der **Faltenaufsicht** von 4 cm Breite und dem **Falteninhalt** von 8 cm = 72 cm. Für jedes Teil rechnet man also Faltenaufsicht + Falteninhalt + 2 cm Nahtzugabe pro Seitennaht. Bei diesem Beispiel sind das 36 cm Faltenaufsicht + 72 cm Falteninhalt + 4 cm Nahtzugabe = 112 cm Stoffbreite pro Teil.

Bestimmen Sie dann auch, wie lang der Rock sein soll. Für die Fertigstellung des Rocks benötigen Sie noch einen Bund (siehe Seite 134), den Sie an die Faltenkante nähen.

FALTEN MARKIEREN

Markieren Sie an der oberen Stoffkante zunächst 2 cm für die seitliche Nahtzugabe, dann jeweils abwechselnd 4 cm Faltenaufsicht und 8 cm Falteninhalt (insgesamt 9-mal).

FALTEN EINLEGEN UND FESTSTECKEN

Markieren Sie am Ende wieder eine Nahtzugabe von 2 cm. Legen Sie nun jeweils die 8 cm breiten Bereiche an den Markierungen aufeinander und stecken Sie sie fest.

FALTENANSICHT

So sehen die Falten von der Seite aus: Sie bestehen aus einer dreifachen Stofflage.

FALTEN FESTSTEPPEN

Die eingelegten Falten können nach Belieben zunächst geheftet werden. Nähen Sie dann an der oberen Kante quer über die Falten, um sie zu fixieren.

SCHNURSTEPPEREI

Mit dieser Ziertechnik lassen sich dekorative Muster legen. Es gibt sie in zwei Varianten: Bei der ersten wird die Schnur sichtbar auf der Oberseite geführt und mit Zickzackstich umstochen und befestigt (siehe Abb. 1).

Bei der zweiten Variante wird auf der linken Stoffseite mit der Zwillingsnadel eine doppelte Naht gesteppt. Die Schnur lässt man beim Steppen einfach mitlaufen, sie liegt in der Mitte. Auf der rechten Stoffseite ist sie nur als Wölbung zu sehen (siehe Abb. 2). Diese Ziertechnik wird gern bei Trachtenbekleidung eingesetzt.

APPLIKATIONEN

Zum Verzieren von Kleidung und Accessoires sind Applikationen bestens geeignet. Außerdem können Sie auf diese Weise auch Reste von Lieblingsstoffen verwerten.

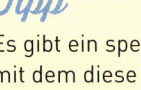

Tipp

Es gibt ein spezielles Bügelvlies für Applikationen, mit dem diese Technik kinderleicht wird. Das Geheimnis: Es lässt sich von beiden Seiten aufbügeln (auf einer Seite befindet sich eine Papierschicht zum Abziehen), so spart man sich einen Arbeitsschritt: das Stecken und Feststeppen (siehe Schritt 3).

STOFFGRUND MIT BÜGELEINLAGE VERSTÄRKEN

Verstärken Sie zunächst das Stoffteil, auf das das Motiv appliziert wird, von links mit einer Bügeleinlage.

MOTIV ZUSCHNEIDEN UND MIT EINLAGE VERSTÄRKEN

Schneiden Sie das gewünschte Motiv aus Stoff und aus Einlage zu und bügeln Sie diese von links auf.

MOTIV PLATZIEREN UND FESTSTEPPEN

Stecken Sie das Motiv an die gewünschte Stelle und nähen Sie es zunächst ringsum mit Steppstich fest.

MOTIV MIT ZICKZACKSTICHEN APPLIZIEREN

Stellen Sie einen engen Zickzackstich ein und nähen Sie das Motiv ringsum gleichmäßig auf. Lassen Sie die Nadel im Stoff stecken, wenn Sie an eine Ecke gelangen, heben Sie das Nähfüßchen an und drehen Sie das Motiv in die gewünschte Richtung. Sichern Sie die Naht mit einigen Rückstichen, wenn Sie das Motiv umrundet haben.

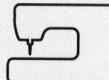

Nun wissen Sie, wie man eine Naht von
Hand und mit der Maschine näht –
Sie sind bereit für Ihr erstes Teil!

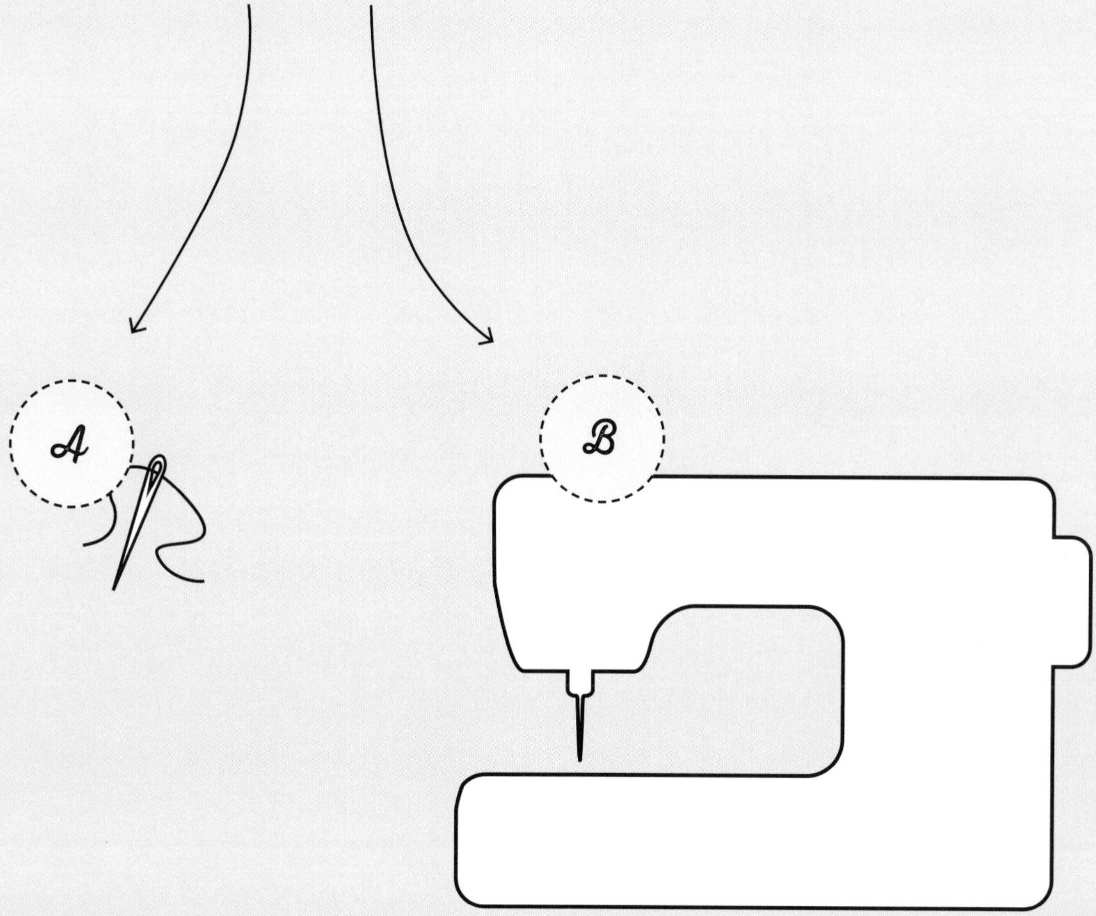

A

B

BEKLEIDUNG NÄHEN

DAS WICHTIGSTE ÜBER SCHNITTE

Grundlage jedes Kleidungsstücks ist sein Schnitt. Überlegen Sie, ob Sie mit einem Rock, einer einfachen Sommerhose oder einer schlichten Tunika beginnen möchten. Es muss ja nicht gleich ein Blazer oder ein Abendkleid sein!

MIT EINEM EINFACHEN SCHNITT STARTEN

Als erstes Projekt bietet sich ein einfacher Rock an – aber verwenden Sie dafür nicht gleich den teuersten Stoff. Wenn der Rock noch nicht perfekt ist, können Sie beim nächsten Mal den Schnitt und die Verarbeitung verbessern. Probieren Sie Schnittmuster von verschiedenen Firmen aus, um herauszufinden, mit welchen Sie gut zurechtkommen. Auch ich teste neue Schnitte zunächst mit einem **Nesselmodell** (das ist ein Probeteil aus günstigem Baumwollnessel), nehme Änderungen vor und verarbeite erst dann den Originalstoff.

SCHNITTMUSTER AUFBEWAHREN

Ob gefaltet oder zusammengerollt, mit Bändchen oder Klammer zusammengehalten, ob in Klarsichthüllen in einem Ordner oder in einer Box untergebracht – es gibt viele Möglichkeiten, Schnittmuster aufzubewahren.

SCHNITTMUSTER LESEN

Bei Schnitten haben Sie die Wahl zwischen einzelnen **Fertigschnitten**, die man einfach kopieren oder gleich ausschneiden kann, und der Variante **Schnittmusterheft**, mit Bögen, die mehrere Schnitte übereinander zeigen. Lassen Sie sich anfangs nicht von dem Gewirr der unterschiedlichen Linien auf dem Schnittmusterbogen verunsichern. Suchen Sie gezielt nach der Information, die Sie brauchen: Den gewünschten Schnitt für das Modell, das Sie nähen möchten, die richtige Linie für Ihre Größe und alle dazugehörigen Teile.
Nehmen Sie sich Zeit, um die Anleitung genau durchzulesen. Meist ist es gar nicht so kompliziert, wie es aussieht. Folgen Sie der Anleitung im Heft und kopieren Sie die Teile auf **Schnittmusterpapier**. Sie können die Schnitte durchpausen oder ein Kopierrädchen verwenden. Übernehmen Sie auch unbedingt alle Beschriftungen und Markierungen.

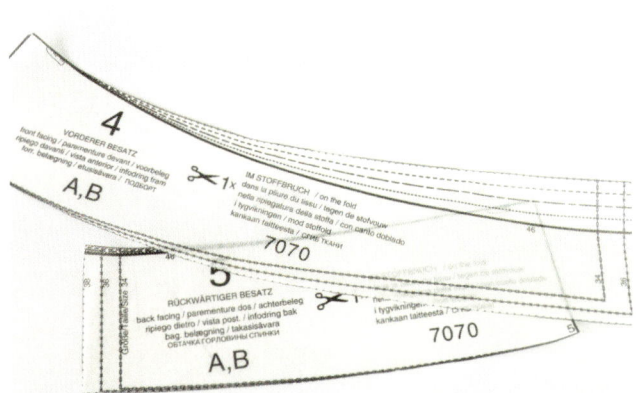

FERTIGSCHNITTE KANN MAN GLEICH AUSSCHNEIDEN.

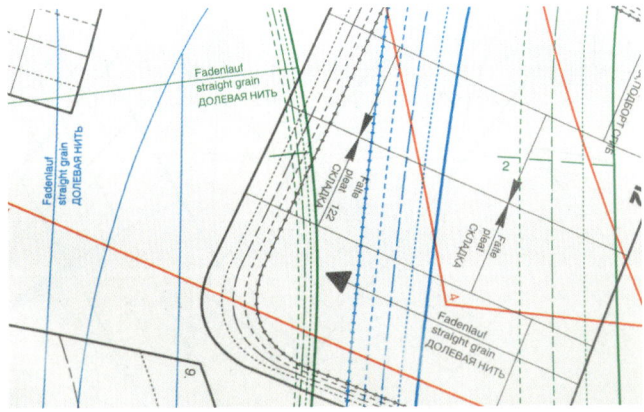

AUF EINEM SCHNITTBOGEN LIEGEN MEHRERE SCHNITTTEILE ÜBEREINANDER.

Auf einem **Schnittteil** finden sich **Informationen** darüber, in welcher Richtung es auf den Stoff aufgelegt wird (langer Pfeil für den Fadenlauf). Es ist vermerkt, ob es im Bruch oder einfacher Stofflage und in welcher Anzahl und aus welchem Stoff es zugeschnitten wird. Damit nichts durcheinanderkommt, sind alle Teile auf dem Schnittmuster beschriftet (gelegentlich wird auch das Modell genannt).

Vorsicht

BESCHRIFTEN SIE DIE EINZELNEN TEILE UNBEDINGT, WENN SIE DEN SCHNITT KOPIERT HABEN! GERADE BEI SCHNITTEN, DIE AUS MEHREREN TEILEN BESTEHEN, GIBT ES SONST VERWECHSLUNGSGEFAHR. AUSSERDEM ERKENNEN SIE DURCH DIE BESCHRIFTUNG SOFORT DIE VORDER- UND RÜCKSEITE.

WIE VERMESSE ICH MICH RICHTIG?

Bevor Sie den Schnitt übertragen oder ausschneiden, sollten Sie Ihre Maße ermitteln und sie mit denen der dem Schnitt zugehörigen Maßtabelle vergleichen. Es gibt keine genormten Größentabellen, deshalb können sich die Konfektionsgrößen von Hersteller zu Hersteller unterscheiden. Die Kleidergröße, die Sie normalerweise haben, entspricht also nicht zwangsläufig dem des Schnittmusters.

Die drei wichtigsten Weitenmaße sind **Oberweite, Taillenweite** und **Hüftweite.** Messen Sie auch die gewünschten Längen, wie etwa Rock- oder Ärmellänge. Vergleichen Sie diese mit den Längenmaßen der Schnittteile. Nicht immer stimmen die Proportionen mit den eigenen überein.

SO WERDEN DIE EINZELNEN KÖRPERMASSE GEMESSEN

In den Größentabellen werden stets die Maße des Körpers und nicht des Kleidungsstücks angegeben. Je nach Modell sind im Schnitt bereits Weitenzugaben von 4–8 cm enthalten.

1 OBERWEITE
wird über dem stärksten Brustpunkt gemessen

2 TAILLENWEITE
wird in der natürlichen Taille gemessen

3 HÜFTWEITE
wird über dem stärksten Punkt der Hüfte gemessen

4 VORDERLÄNGE
wird vom inneren Schulterpunkt bis zur Taille gemessen

5 BRUSTTIEFE
wird vom inneren Schulterpunkt bis zum Brustpunkt gemessen

6 HALSWEITE
wird rund um den Hals gemessen

7 RÜCKENLÄNGE
wird vom obersten Halswirbel bis zur Taille gemessen

8 ÄRMELLÄNGE
wird vom äußeren Schulterpunkt über den angewinkelten Arm bis zum Handgelenk gemessen

9 OBERARMWEITE
wird um den stärksten Punkt am Oberarm gemessen

10 HANDGELENKWEITE
wird um das Handgelenk gemessen

11 BEINLÄNGE
wird seitlich von der Taille bis zum Boden gemessen

Größe	32	34	36	38	40	42	44	46
Oberweite	76 cm	80 cm	84 cm	88 cm	92 cm	96 cm	100 cm	104 cm
Taillenweite	58 cm	62 cm	66 cm	70 cm	74 cm	78 cm	82 cm	86 cm
Hüftweite	82 cm	86 cm	90 cm	94 cm	98 cm	102 cm	106 cm	110 cm
Vorderlänge	40 cm	40,5 cm	41 cm	41,5 cm	42 cm	42,5 cm	43 cm	43,5 cm
Brusttiefe	59 cm	59 cm	59 cm	60 cm	60 cm	61 cm	61 cm	61 cm
Halsweite	33 cm	34 cm	35 cm	36 cm	37 cm	38 cm	39 cm	40 cm
Rückenlänge	101 cm	102 cm	102 cm	103 cm	104 cm	104 cm	105 cm	105 cm
Oberweite	42 cm	43 cm	44 cm	45 cm	46 cm	47 cm	48 cm	49 cm
Handgelenkweite	24 cm	25 cm	26 cm	27 cm	28 cm	29 cm	30 cm	31 cm
Beinlänge	25 cm	26 cm	27 cm	28 cm	29 cm	30 cm	31 cm	32 cm

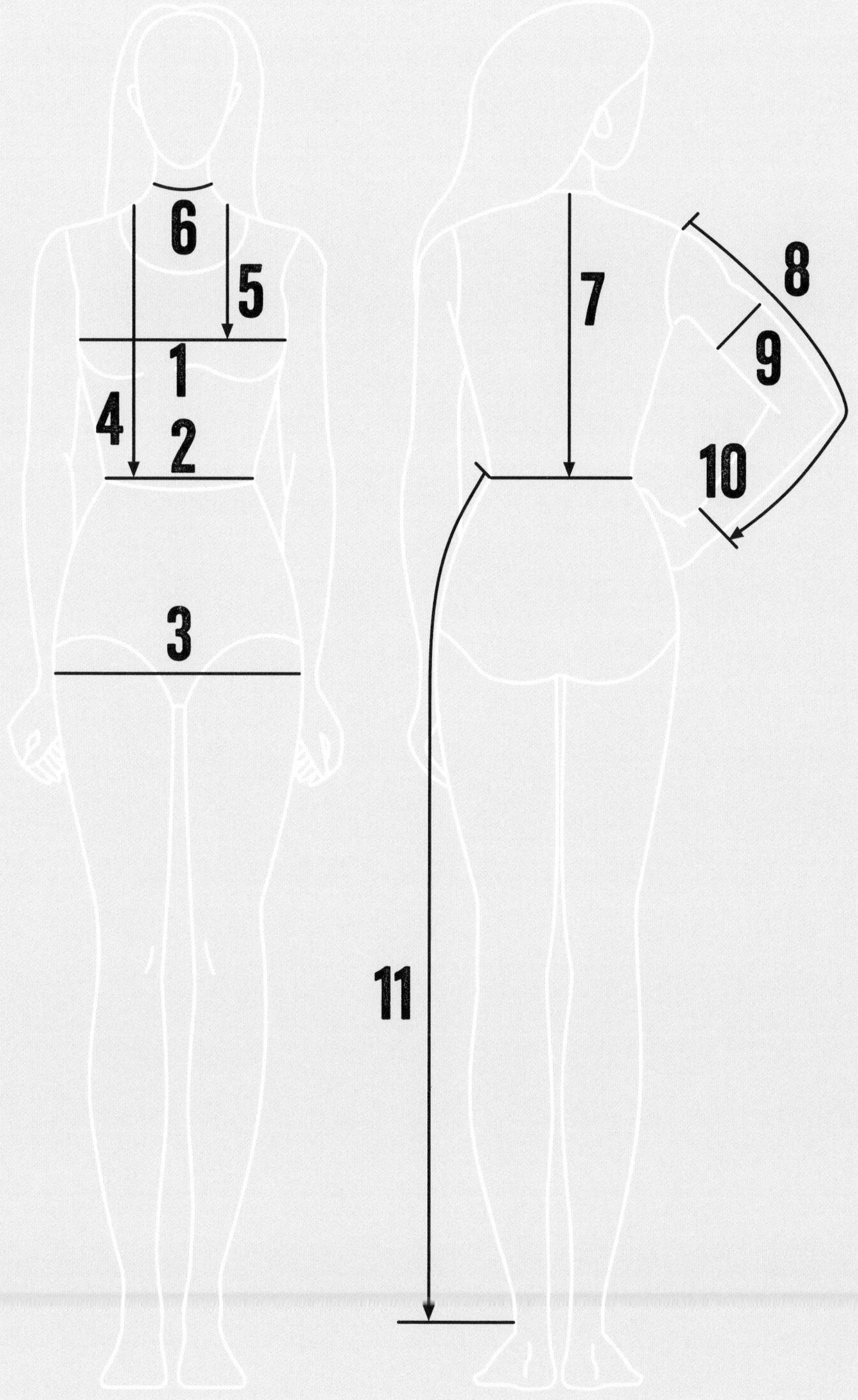

6

5

1

4

2

3

7

8

9

10

11

DIE RICHTIGE GRÖSSE FINDEN

Jedes Schnittmuster hat eine Größentabelle, mit der Sie Ihre eigenen Maße vergleichen können. Stellen Sie Ihre Weitenmaße denjenigen in der Tabelle gegenüber und bestimmen Sie so Ihre Größe. Wenn die Maße abweichen, Sie z. B. laut Tabelle eine Oberweite in Gr. 40 haben und eine Hüftweite in Größe 42, so sollten Sie sich für den größeren Schnitt entscheiden, also hier für Gr. 42. Sie können den Schnitt immer noch verkleinern. Die Größenmaße unterscheiden sich oft stark voneinander. Daher gilt die Devise: Es gibt keine falschen Maße, es gibt nur unpassende Schnitte.

MEINE KÖRPERMASSE

Nehmen Sie Ihre Körpermaße, wie auf Seite 68 beschrieben. Tragen Sie sie dann in die Tabelle unten ein – lassen Sie etwas Platz für spätere Veränderungen. Anhand Ihrer Maße können Sie leicht herausfinden, welche Größe in einem Mehrgrößenschnitt die richtige für Sie ist und welche Anpassungen Sie gegebenenfalls machen müssen, damit schließlich alles gut sitzt.

Größe
Oberweite
Taillenweite
Hüftweite
Vorderlänge
Brusttiefe
Halsweite
Rückenlänge
Oberweite
Handgelenk-weite
Beinlänge

Hier können Sie Ihre Maße eintragen.

SCHNITT KOPIEREN

Ermitteln Sie Ihre Größe und schneiden Sie den Schnitt aus oder kopieren Sie ihn. Achten Sie auf die Anzahl der Schnittteile, und prüfen Sie, ob alle Teile vorhanden sind. Meist sind die zusammengehörigen Schnittteile nummeriert oder mit Buchstaben beschriftet, wie etwa Rock A: Schnittteile 1–4.

SCHNITT VERÄNDERN

Wenn Sie z. B. einen Hosenschnitt kürzen oder verlängern möchten, suchen Sie auf dem Schnitt eine Doppellinie mit dem entsprechenden Hinweis. So bleibt die Proportion des Schnitts erhalten: Schneiden Sie den Schnitt an dieser Linie auseinander und verlängern oder kürzen Sie die Teile durch Auseinander- oder Übereinanderschieben. Hier zeige ich Ihnen am Beispiel einer Taille, wie das aussehen kann.

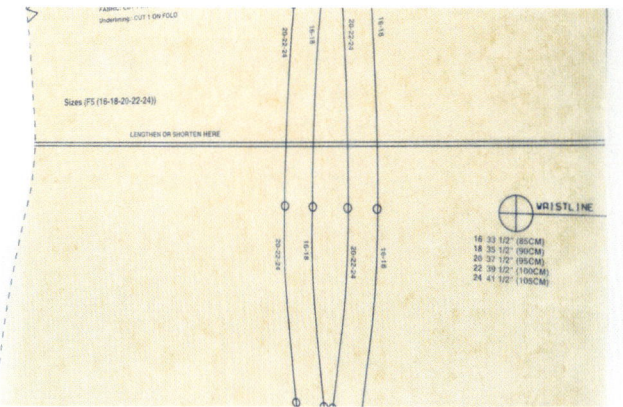

Die quer verlaufende Doppellinie weist darauf hin, dass Sie das Schnittteil hier verlängern oder kürzen können.

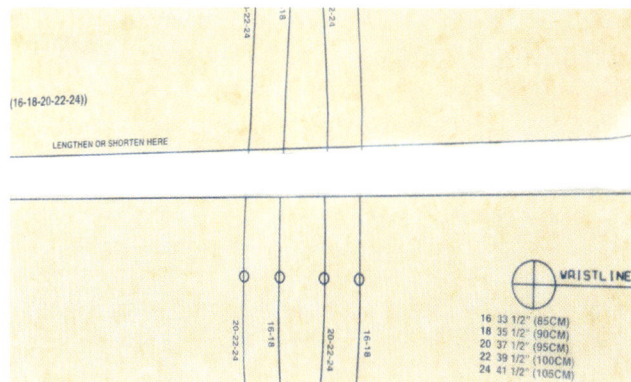

Zum Verlängern schneiden Sie das Teil an der Doppellinie auseinander und schieben es entsprechend auseinander.

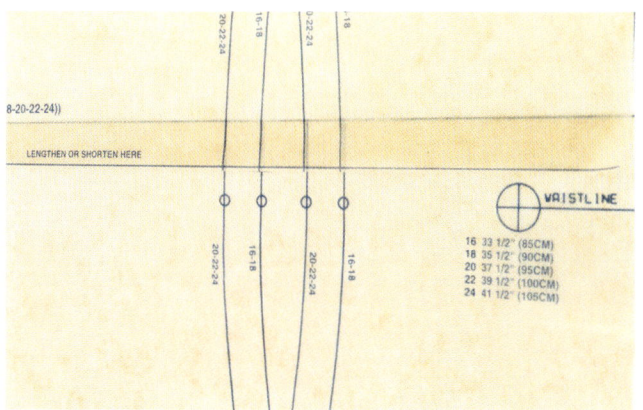

Zum Kürzen schneiden Sie das Teil an der Doppellinie auseinander und schieben es um den gewünschten Betrag übereinander. Gleichen Sie gegebenenfalls die Abnäher an.

Tipp

Ist keine Doppellinie im Schnittmuster zu finden, können Sie an entsprechender Stelle eine Querlinie einzeichnen und das Teil dort verlängern oder kürzen.

ZUSCHNEIDEN

Jetzt folgt ein sehr wichtiger Teil der Vorbereitung, das Zuschneiden.
Viele meiner Schüler haben großen Respekt vor diesem Schritt und auch ich muss
gestehen, dass ich mich dabei besonders konzentriere, um nichts zu vergessen.

STOFF VORBEREITEN

Falten Sie den Stoff Ihrer Wahl mittig und legen Sie ihn
Webkante auf Webkante. Die rechte Seite des Stoffs liegt
dabei jeweils innen. Bügeln Sie Stoffe, die verknittert sind.
Es ist empfehlenswert, vor allem Baumwollstoffe vorzu-
waschen, da diese häufig einlaufen. So verhindern Sie böse
Überraschungen nach dem ersten Waschgang Ihres selbst
genähten Teils. Achten Sie außerdem darauf, dass die Stofflagen ohne Fältchen oder Schrägzug glatt auf der Arbeitsfläche liegen. Fixieren Sie die Webkanten am besten mit ein
paar Stecknadeln, auf diese Weise können die Stofflagen
nicht verrutschen. Prüfen Sie auch, ob die Schnittkanten
fadengerade sind.

SCHNITTMUSTER AUFLEGEN

Der Stoff liegt nun bereit und Sie können die Schnittteile auflegen. Die Anleitung im Fertigschnitt oder im Schnittmusterheft enthält meist Hinweise und einen **Schnittauflageplan**
für die unterschiedlichen Stoffbreiten. Falls Sie keine Vorgaben
haben, legen Sie zuerst einmal alle Schnittteile provisorisch
auf den Stoff, um zu prüfen, wie Sie diese am besten stoff-
sparend auflegen können. Beachten Sie den **Fadenlauf**,
der parallel zur Webkante oder zum Stoffbruch verläuft.
Der Fadenlauf entspricht immer der Richtung des Kettfa-
dens, und der Kettfaden läuft immer parallel zur Webkante.
Stecken Sie die Schnittteile fest. Je weicher und fließender
der Stoff, desto mehr Nadeln sollten Sie verwenden.

NAHTZUGABEN

Lesen Sie in der Anleitung nach, ob der Schnitt Nahtzugaben
enthält oder ob sie dazugegeben werden müssen. Bei
Schnitten inklusive Nahtzugaben können Sie nun entlang der
Kante des Papierschnitts zuschneiden. Falls der Schnitt keine
Nahtzugaben aufweist, fügen Sie diese hinzu, indem Sie mithilfe eines Geodreiecks und Schneiderkreide parallel zur
Kante des Papierschnitts die Zugaben direkt auf den Stoff
aufzeichnen. Meist werden diese in der Anleitung aufgelistet,
wie z. B. „bei allen Nähten 1,5 cm, bei Säumen 3–4 cm hin-
zugeben". Bei starken Rundungen wie bei Arm- oder Hals-
ausschnitten sind Nahtzugaben von 1 cm empfehlenswert,
denn diese sind leichter zu verarbeiten.

ZUSCHNEIDEN

Jetzt endlich dürfen Sie zuschneiden. Führen Sie die Schere
dabei stets flach auf dem Arbeitstisch und achten Sie darauf,
den Stoff dabei nicht hochzuziehen. Bei Projekten mit vielen
Schnittteilen können Sie auch zuerst die Konturen des
Schnittteils grob ausschneiden und dann zu den Details
übergehen und den Feinschnitt erledigen. Dieses Vorgehen
erleichtert die Handhabung. Schneiden Sie genau an der
Kante des Papierschnitts oder der entsprechend angezeich-
neten Linie und sammeln Sie zunächst alle Teile mit dem
noch aufgesteckten Schnittmuster zusammen. Wenn Sie das
Schnittmuster aufgesteckt lassen, bis Sie es wirklich entfernen müssen, können keine Verwechslungen entstehen.

STOFF MITTIG FALTEN UND WEBKANTEN AUFEINANDERLEGEN.

SCHNITTMUSTER AUFLEGEN

NAHTZUGABE AUF DEN STOFF ZEICHNEN.

Tipp

„Zweimal messen, einmal schneiden", besagt ein altes Schneidersprichwort. Damit ist gemeint, dass Sie, bevor Sie die Schere zücken, wirklich alle Maße prüfen sollten, damit das Modell später auch passt.

MARKIERUNGEN ÜBERTRAGEN

Nach dem Zuschnitt haben Sie es bald geschafft, dann können Sie endlich anfangen zu nähen. Auf jeden Fall müssen Sie zunächst noch die einzelnen Details auf den Stoffteilen markieren, wie unten beschrieben. Wenn Sie viele Teile haben, sollten Sie die Papierschnitte noch auf dem Stoff stecken lassen, bis Sie dazukommen, diese zu verarbeiten. So behalten Sie besser den Überblick.

MARKIERUNGEN ÜBERNEHMEN

Übertragen Sie die im Schnitt enthaltenen Markierungen und **Passzeichen**, bevor Sie den Papierschnitt entfernen.

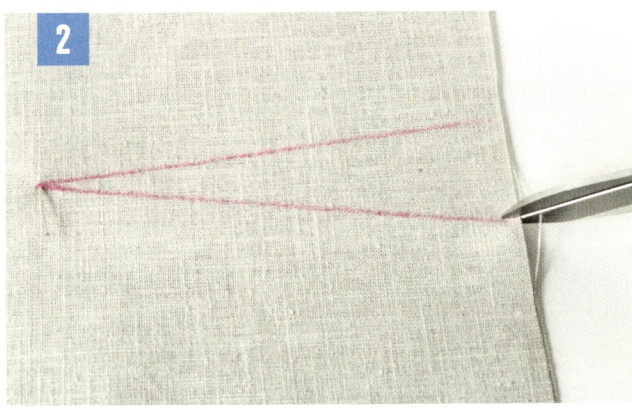

MARKIERUNGEN EINKNIPSEN

Markieren Sie Abnäher an beiden **Nahtlinien** mit kleinen Einschnitten (nur etwa 3 mm tief) durch beide Stofflagen.

ABNÄHERENDE MARKIEREN

Markieren Sie das Ende eines Abnähers mit einer Nadel, stechen Sie dabei durch das Schnittmuster und durch beide Stofflagen. Die Nadel zeigt dann auf dem gespiegelten Stoffteil das Ende des Abnähers an.

PAPIERSCHNITT ABNEHMEN

Nehmen Sie nun den Papierschnitt ab, indem Sie ihn vorsichtig über die Nadel heben. Stechen Sie von der darunterliegenden Stofflage in die gleiche Markierung, um beide Abnäherenden festzuhalten. Auf diese Weise können Sie alle Markierungen übertragen. Entfernen Sie die Papierschnitte erst, wenn alle Details auf den Stoff übertragen sind.

EINZELTEILE ZUSAMMENFÜGEN

Endlich ist es so weit, die Teile sind zugeschnitten, Sie können jetzt beginnen zu nähen. Gehen Sie genau nach Anleitung und Schritt für Schritt vor und legen Sie die Teile, die zusammengefügt werden sollen, **rechts auf rechts** (oder wie angegeben) aufeinander. Stecken und heften Sie sie und nähen Sie sie in entsprechender **Nahtbreite** zusammen. Und vergessen Sie nicht, Nahtanfang und -ende zu vernähen!

ÜBUNG MACHT DEN MEISTER

Kissenhüllen

Eines meiner bewährten Projekte sind Kissenhüllen: Sie sind ideal geeignet als Geschenk oder um die Wohnung zu verschönern. Messen Sie zunächst die vorhandenen Kissenfüllungen aus oder überlegen Sie sich ein Format. Falls Sie ein ungewöhnliches Format möchten, stellen Sie das Füllkissen selbst her. Dafür nähen Sie eine Hülle aus dicht gewebtem Stoff, füllen sie mit Federn, Schaumstoff oder Styropor-kügelchen und schließen die Öffnung mit Matratzenstich.

DEKO-OBJEKT

Kissenhüllen eignen sich super für Dekorationen – wenn Sie sich im Applizieren üben möchten (siehe Seite 62) oder tolle Bänder übrig haben, dann können Sie hier nach Herzenslust experimentieren. Selbst einfache Steppnähte zeigen bei diesem Projekt große Wirkung: Nähen Sie mit kontrastierendem Garn Nähte dicht nebeneinander als Zierlinien.

GUT ZU WISSEN

Falls Sie auch das Füllkissen selbst anfertigen, sollten Sie dafür unbedingt einen dicht gewebten Stoff wie etwa Popeline verwenden. Es gibt dafür auch spezielle Materialien, sogenannte Inlettstoffe, als Meterware. Und wer es gern natürlich hat, der kann zum Füllen unversponnene Wolle verwenden, das ergibt wunderbar weiche Kissen.

Kissenhüllen garantieren das Erfolgserlebnis beim Nähen.

Wie wäre es mit einem groben Leinenstoff und mehreren, von rechts gesteppten Zickzacknähten (dicht an dicht) und ausgefransten Kanten?

Supereinfach –
NUR AUS GERADEN
NÄHTEN UND MIT EINEM
ANFÄNGER-GERECHTEN
VERSCHLUSS

KISSENHÜLLE MIT HOTELVERSCHLUSS

Die einfachste Variante ist die Kissenhülle mit Hotelverschluss. Sie müssen nur vorab das Format bestimmen und Vorder- und Rückteil festlegen. Dafür können Sie einen einfachen Papierschnitt erstellen.

Sie benötigen für ein 40 × 40 cm großes Kissen:

- 0,5 m Baumwollstoff oder Leinen, 140 cm breit
- Nähgarn

Schnitterstellung

1. Legen Sie beim Rückteil fest, auf welcher Höhe sich der offene Verschluss befinden soll, z. B. 10 cm von der unteren Kante nach oben gemessen.

2. Legen Sie beim unteren Rückteil die Überlappung der Öffnung fest, hier sind es 12 cm. Dazu rechnet man die Höhe (siehe Schritt 1). Daraus ergibt sich ein Schnittteil von 40 cm (Breite) × 22 cm (Höhe).

3. Für das obere Rückteil ziehen Sie die Höhe des unteren Rückteils ab, daraus ergibt sich ein Schnittteil von 40 cm (Breite) × 30 cm (Höhe).

💙 Tipp 💙

Selbst für sehr einfache Projekte ist es sinnvoll, einen Papierschnitt anzufertigen, denn das vereinfacht das Zuschneiden und Sie können den Schnitt immer wieder verwenden. Außerdem können Sie den Papierschnitt auch gut auf einfache Stofflagen legen und testen, ob sich Reste verwerten lassen.

LOS GEHT'S

1

STOFF ZUSCHNEIDEN

Fertigen Sie die Papierschnitte und legen Sie sie auf den Stoff (einfache Lage). Wenn Sie zwei Kissen nähen möchten, können Sie den Stoff gleich doppelt legen. Geben Sie ringsum 2 cm Nahtzugabe hinzu und schneiden Sie die Teile zu.

2

VERSÄUBERN

Versäubern Sie die beiden Kanten der Verschlussleiste an den Rückteilen mit Zickzackstich. Schlagen Sie die Kanten 2 cm breit um und steppen Sie sie fest. Sie können auch die Kanten in einer Breite von 1 cm doppelt umschlagen und die Säume knappkantig feststeppen.

3

TEILE ZUSAMMENSTECKEN

Legen Sie nun das obere Rückteil 12 cm überlappend auf das untere Rückteil, stecken und nähen Sie die Teile an den seitlichen Kanten zusammen. Damit die Öffnung nicht zu stark aufklafft, kann man die Überlappung jeweils von der Seite 5 cm zunähen. Hier sehen Sie, wie der fertige Hotelverschluss von der Innenseite aussieht.

4

TEILE ZUSAMMENNÄHEN

Legen Sie dann das Rückteil rechts auf rechts auf das Vorderteil, stecken Sie die Kanten aufeinander und nähen Sie beide Teile ringsum mit einer Nahtbreite von 2 cm zusammen. Versäubern Sie die Kanten mit Zickzackstich. Hier sehen Sie, wie der fertige Hotelverschluss von der Außenseite aussieht.

Glückwunsch zu Ihrem ersten selbst genähten Kissen!!

ECKEN ZUSAMMENLEGEN UND HÜLLE WENDEN

Sie können es vermutlich kaum erwarten, die Kissenhülle umzudrehen. Legen Sie die Nahtzugaben an den Eckpunkten übereinander und wenden Sie die Hülle dann nach rechts. Stülpen Sie die Ecken sorgfältig nach außen.

Tipp

Der Vorteil am Hotelverschluss ist nicht nur, dass man sehr schnell den Bezug wechseln kann (daher auch sein Name), sondern auch, dass man garantiert keine drückenden Stellen hat. Auch für ein kleines Babykissen eignet sich diese Verschlussart gut.

DIESE HÜLLE IST
— *zipp, zapp!* —
GANZ SCHNELL AUF-
UND ZUGEMACHT.

KISSENHÜLLE MIT REISSVERSCHLUSS

Ein ähnliches Kissen wie das vorhergehende, diesmal mit Reißverschluss. Dieses Projekt eignet sich wunderbar, um das Einnähen von verdeckten Reißverschlüssen zu üben. Eine nützliche Fertigkeit für Hobbyschneider!

Sie benötigen für ein 40 × 40 cm großes Kissen:

- 0,50 m Baumwollstoff oder Leinen, 140 cm breit
- 1 Reißverschluss, 30 cm lang
- Nähgarn

Schnitterstellung & Zuschnitt

Diese Variante ist einfach in der Vorbereitung:

1. Zeichnen Sie als Schnittvorlage ein 40 × 40 cm großes Quadrat.

2. Schneiden Sie aus dem Stoff zwei gleich große Teile mit einer Nahtzugabe von 2 cm (an allen Kanten) zu.

💙 Tipp 💙

Wenn Sie z. B. drei Kissenhüllen aus demselben Stoff fertigen, können Sie jeweils dieselben Arbeitsschritte in einem Durchgang ausführen – also die offenen Kanten versäubern, die Reißverschlüsse einnähen, die Nähte an allen Kissen schließen. So prägen sich die Schritte gleich viel besser ein.

Gemütlichkeit im Quadrat

LOS GEHT'S

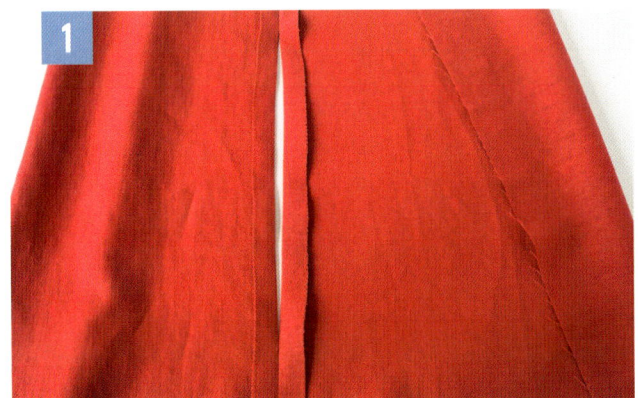

REISSVERSCHLUSSPOSITION FESTLEGEN, NAHT SCHLIESSEN

Bereiten Sie die Öffnung für den Reißverschluss vor: Versäubern Sie an jedem Teil eine Kante mit Zickzackstich. Legen Sie die Teile an diesen Kanten rechts auf rechts und nähen Sie jeweils von der Seite zur Mitte hin eine 7 cm lange Naht.

BÜGELN UND STECKEN

Bügeln Sie die Nahtzugaben auseinander und fortlaufend die offenen Kanten in derselben Breite um. Öffnen Sie den Reißverschluss, legen Sie ihn mit den Zähnchen bündig unter die umgebügelten Kanten und stecken Sie ihn fest.

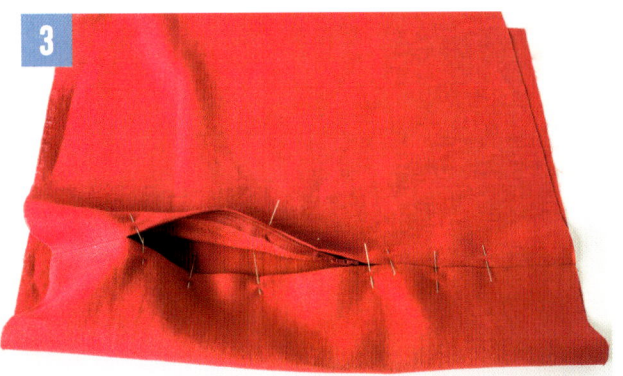

REISSVERSCHLUSS FESTSTEPPEN

Setzen Sie den Reißverschlussfuß ein und steppen Sie den Reißverschluss an einer Seite fest (dabei müssen die Zähnchen immer rechts vom Nähfuß liegen). Nähen Sie dann quer zur anderen Seite und steppen Sie ihn auch dort fest (siehe auch Seite 53). Vernähen Sie Nahtanfang und -ende.

Tipp

Falls Sie noch wenig Näherfahrung haben und sich der Stoff leicht verzieht, können Sie den Reißverschluss von Hand mit Heftstichen vornähen.

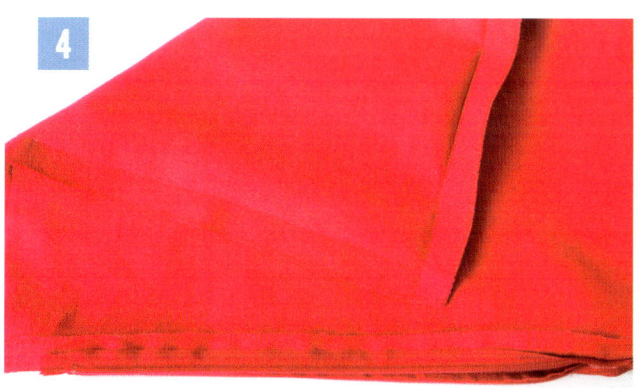

KISSENTEILE ZUSAMMENNÄHEN

Das Schwierigste ist nun geschafft! Legen Sie beide Teile rechts auf rechts und nähen Sie sie an den drei restlichen offenen Kanten mit einer Nahtbreite von 2 cm zusammen. Achtung – öffnen Sie zuvor den Reißverschluss, denn sonst können Sie die Kissenhülle nicht mehr wenden. Versäubern Sie die Kanten in einem Durchgang m´it Zickzackstich.

ECKEN ZUSAMMENLEGEN UND KISSENHÜLLE WENDEN

Legen Sie die Nahtzugaben an den Ecken aufeinander und wenden Sie die Kissenhülle nach rechts. Stülpen Sie die Ecken sorgfältig nach außen.

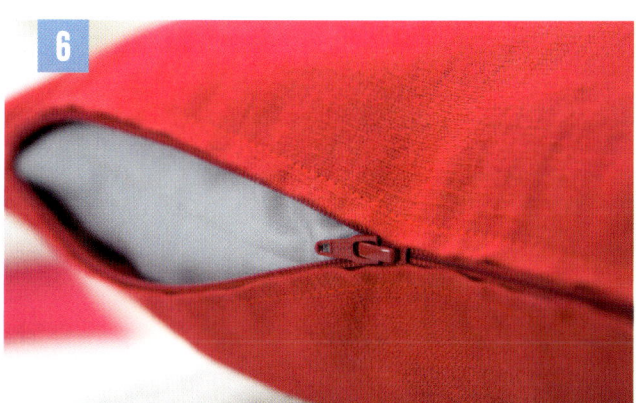

FÜLLKISSEN IN DEN BEZUG STECKEN

Ihre Kissenhülle mit Reißverschluss ist nun fertig und Sie können wirklich stolz darauf sein! Nun muss sie nur noch befüllt werden: Stecken Sie das Innenkissen in den Bezug und schütteln Sie das Prachtstück auf!

Voilà! Ihre Kissenhülle ist fertig!

Reduzierter Look
MIT VERDECKTEN KNÖPFEN
UND GEDECKTEN FARBEN

KISSENHÜLLE MIT KNOPFVERSCHLUSS

Die dritte Variante ist eine Kissenhülle mit Knopfverschluss. Dabei sitzen die Knopflöcher in einer Leiste, die am Kissen verdeckt ist. Die Erstlinge bleiben also im Verborgenen und müssen deshalb nicht perfekt sein, Sie können hier „im Kleinen" üben und frei drauflosnähen.

Sie benötigen für ein 40 × 40 cm großes Kissen:

- 0,5 m Baumwollstoff oder Leinen, 140 cm breit
- 3 flache Knöpfe
- Bügeleinlage (optional)

Schnitterstellung

1. Legen Sie die Größe des fertigen Kissens fest, hier sind es 40×40 cm. Erstellen Sie für Vorder- und Rückteil je eine Papiervorlage und zeichnen Sie bei dieser Verschlussvariante die Nahtzugaben und den Umschlag für die Knopfleiste mit ein.

2. Ausgangsbasis für das Kissenvorderteil ist ein Quadrat von 40×40 cm, die Nahtzugabe beträgt an den drei Kanten (außer der Kante mit Leiste) 2 cm.

3. Die Verschlussseite des Vorderteils erhält einen 3 cm breiten Untertritt. Für die Knopfleiste werden 2×3 cm benötigt. Das Teil ist also 44×48 cm groß.

4. Das Rückteil ist ebenfalls 40×40 cm groß, die Nahtzugabe beträgt an den drei Kanten 2 cm. An der vierten Seite wird der eingeschlagene Übertritt mit Knopflochleiste eingezeichnet. Für diese werden 2×3 cm benötigt. Das Teil ist also 44×51 cm groß.

Zuschnitt

Schneiden Sie nach der Papiervorlage ein Vorderteil mit 44×48 sowie ein Rückteil mit 44×51 cm zu. Markieren Sie die Linien für die Umbruchkanten.

❤ Tipp ❤

Um die Verschlussleiste zu verstärken, bügeln Sie von links einen 3 cm breiten Einlagestreifen auf.

Vorderteil

Rückteil

LOS GEHT'S

UMSCHLAG UMBÜGELN UND STECKEN

Bügeln Sie jeweils an Vorder- und Rückteil den Umschlag von 2×3 cm zur linken Seite um und stecken Sie ihn fest.

UMSCHLAG ABSTEPPEN

Steppen Sie den Umschlag bei beiden Teilen von der Rückseite knappkantig fest.

KNOPFLÖCHER NÄHEN

Zeichnen Sie an der Verschlussleiste des Rückteils die Knopflöcher in gleichmäßigen Abständen ein (hier sind es drei mit einem Abstand von jeweils 10 cm). Setzen Sie den Knopflochfuß an der Nähmaschine ein und nähen Sie die Knopflöcher gemäß Bedienungsanleitung. Schneiden Sie sie mit einem Nahttrenner oder einer spitzen Schere ein.

VORDER- UND RÜCKTEIL ZUSAMMENNÄHEN

Legen Sie Vorder- und Rückteil rechts auf rechts und beachten Sie, dass die Knopflochleiste umgeschlagen wird und beim fertigen Teil innen liegen muss. (Am besten, Sie stecken die Leiste zur Probe erst von der rechten Seite übereinander!) Nähen Sie die Teile an den drei restlichen offenen Kanten mit einer Breite von 2 cm zusammen. Versäubern Sie die Kanten in einem Durchgang mit Zickzackstich.

Knöpfe annähen, fertig!

ECKEN ZUSAMMENLEGEN UND KISSENHÜLLE WENDEN

Legen Sie die Nahtzugaben an den Ecken aufeinander und wenden Sie die Kissenhülle nach rechts. Stülpen Sie die Ecken sorgfältig nach außen.

KNÖPFE ANNÄHEN

Legen Sie die Position der Knöpfe fest und nähen Sie sie mit doppeltem Faden innen (wichtig!) an der Knopfleiste fest. Achten Sie darauf, mit der Nadel nur durch die zwei Lagen und nicht auf die Außenseite durchzustechen, sonst sind die Stiche außen sichtbar.

Tipp

Die Knöpfe sollen sichtbar sein? Dann geben Sie am Rückteil 3 cm weniger als beschrieben hinzu, denn Sie brauchen keinen extra Umschlag für die Leiste mit den Knopflöchern. Schließen Sie die drei offenen Seiten der Kissenteile so, dass die Knopflochleiste zum Schluss sichtbar über der Knopfleiste liegt.

Tischdecken und Tischsets

Wenn Sie ein nicht allzu aufwendiges Geschenk mit großer Wirkung selbst anfertigen möchten, empfehle ich eine Tischdecke, Tischsets oder Servietten. Natürlich ist es auch für den eigenen Gebrauch schön, an einer liebevoll gedeckten Tafel zu sitzen, mit selbst genähter Tischwäsche. Für Einladungen habe ich manchmal schon spontan kurz vor dem Essen passende Servietten genäht, die die Gäste zum Schluss mitnehmen durften. Ich liebe schöne Baumwoll- oder Leinenstoffe mit Streifen, Karos oder opulenten Mustern!

ÜBER DIE VERARBEITUNGSMETHODE

Bei diesem Projekt lernen Sie, wie man eine Briefecke näht. Dabei ist sorgfältiges Messen angesagt. Wenn Sie den Dreh heraushaben, können Sie die Briefecken auch beim Nähen von Kleidungsstücken einsetzen – z.B. bei einem einfachen Schlitz in der vorderen Mitte eines Halsausschnitts. Der Vorteil dabei ist, dass die Ecken dann weniger auftragen und zudem noch richtig professionell aussehen.

GUT ZU WISSEN

Bei Tischwäsche kommt es auf den Gesamteindruck an ... man hat sie direkt vor Augen, wenn man am Tisch sitzt und man kommt mit ihr in Berührung, wenn man die Servietten benutzt. Deshalb ist es wichtig, dass der Stoff nicht nur gut aussieht, sondern sich auch so anfühlt und problemlos waschen lässt. Das trifft auf Naturmaterialien zu – greifen Sie also zu Baumwolle oder Leinen oder einem Mix aus beiden!

Auf den Tisch kommt nur das Allerbeste – Leinen & Co.!

Wenn Sie Ihre Tischwäsche selbst kreieren, können Sie sie perfekt auf Ihr Geschirr und Ihre Einrichtung abstimmen.

EINE SAUBER GENÄHTE *Kuvertecke* LÄSST DAS SCHNEIDERHERZ HÖHERSCHLAGEN. PROBIEREN SIE ES AUS!

TISCHDECKE MIT KUVERTECKE

Nähen Sie eine quadratische oder rechteckige Decke für Ihren Esstisch.
Mit diesem Projekt lernen Sie, die Kuvert- oder Briefecke zu meistern.
Wenn Sie fleißig üben, sieht sie bald von beiden Seiten hübsch aus.

Sie benötigen

- Baumwollstoff oder Leinen, Stoffverbrauch
  je nach Tischgröße (siehe unten)
- Nähgarn

Schnitterstellung

1. Messen Sie den Tisch aus, rechnen Sie pro Seite
   20 cm Länge Überhang dazu. Ist der Tisch z. B.
   80 × 120 cm groß, dann hat die Tischdecke eine
   Größe von 120 × 160 cm.

2. Geben Sie jetzt noch pro Seite 4 cm für den Saum
   dazu, dann erhalten Sie ein Maß von 128 × 168 cm
   für den Zuschnitt.

3. Erstellen Sie einen Papierschnitt – damit er nicht
   unhandlich wird, können Sie ihn an der Längsseite
   halbieren und im Stoffbruch anlegen.

Zuschnitt

Bügeln Sie den Stoff vor dem Zuschneiden. Achten Sie
darauf, die Schnittvorlage im geraden Fadenlauf auf-
zulegen, damit kein Schrägzug entsteht. Stecken Sie
den Papierschnitt fest und schneiden Sie die Tischdecke direkt entlang der Papierkante zu. Fädeln Sie
das passende Nähgarn ein und machen Sie eine Probenaht, dann kann es losgehen.

Von Ecke zu
Ecke zur
Tischdecke

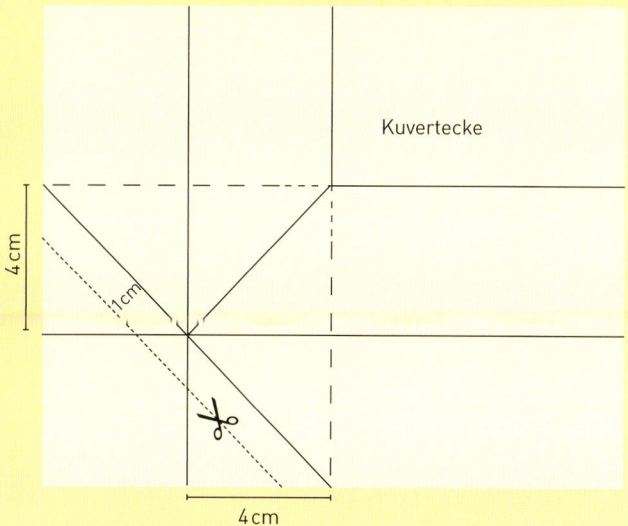

Kuvertecke

4 cm

1 cm

4 cm

LOS GEHT'S

1

ECKEN GEMÄSS VORLAGE ABSCHNEIDEN

Schneiden Sie alle vier Kuvertecken im 45-Grad-Winkel mit 1 cm Zugabe (siehe Seite 95) ab und bügeln Sie alle geraden Schnittkanten 1 cm zur linken Seite um.

2

ECKEN FALTEN UND ZUSAMMENNÄHEN

Stecken Sie den Stoff an den abgeschrägten Ecken jeweils rechts auf rechts aufeinander und nähen Sie die Ecken mit einer Nahtbreite von 1 cm ab.

3

ECKEN PRÜFEN

Falten Sie die Naht mit dem Daumennagel auseinander und prüfen Sie bei jeder Kuvertecke, ob sie gleichmäßig abgenäht ist und dieser Abbildung entspricht.

4

WENDEN UND BÜGELN

Wenden Sie die Kuvertecken nach rechts und bügeln Sie die Naht aus und fortlaufend den Saum um, sodass dieser in waagerechter und senkrechter Richtung gleich breit ist.

SAUM KNAPPKANTIG FESTSTEPPEN

Stecken Sie den Saum fest, er muss an allen Seiten 3 cm breit sein, und steppen Sie ihn von links knappkantig fest.

SCHRITTWEISE VORGEHEN

Falls die Nähstrecke zu lang erscheint, können Sie auch in Etappen steppen – nach und nach jede Seite stecken und nähen. Vernähen Sie die Enden, wenn Sie unterbrechen, und achten Sie darauf, dass keine Schrägzüge entstehen.

Tipp

Den Schrägzügen können Sie entgegenwirken, indem Sie die Saumkante mit kleinen Stichen heften und dann dicht neben den Heftstichen steppen. Geübtere, die beim Steppen mit Stecknadeln klarkommen, sollten diese auf jeden Fall quer zum Saum stecken und sie dann erst kurz vor dem Darübernähen herausziehen. Dieser Tipp gilt auch für gerundete Säume.

Gleiche Technik, anderes Projekt

Bei Tischsets und Servietten können Sie genauso vorgehen wie bei der Tischdecke.

Ein übliches Maß für Tischsets ist 45 × 35 cm und für Servietten beträgt es 45 × 45 cm. Erstellen Sie auch dafür eine Schnittvorlage und schneiden Sie dann die gewünschte Anzahl der Sets oder Servietten zu.

Die Saumzugabe bleibt dieselbe wie bei der Tischdecke und auch die Verarbeitungsmethode bleibt gleich. Diese Teile nähen sich sogar leichter als Tischdecken, weil die abzusteppenden Kanten nicht so lang sind.

Stoffkontrast:
SATIN UND LEINEN
ERGEBEN EINE
REIZVOLLE KOMBI

TISCHSETS MIT EINFASSUNG

Hübsch sind Tischsets mit paspelierten Kanten in einer Kontrastfarbe oder mit unterschiedlicher Struktur. Sie benötigen dazu Stoff sowie fertiges Schrägband. Dieses hat vorgefalzte Umbrüche, mit denen die Einfassung der Kanten leicht gelingt.

Sie benötigen für ein Set

- 35 × 45 cm Baumwollstoff oder Leinen
- ca. 1,7 m vorgefalztes Schrägband, hier aus Satin
- Nähgarn

Schnitterstellung & Zuschnitt

1. Erstellen Sie zunächst einen Papierschnitt in der gewünschten Größe für das Tischset. Hier wurde ein Maß von 35 × 45 cm verwendet. Sie benötigen keine Saum- oder Nahtzugaben, weil die Kanten eingefasst werden.

2. Am einfachsten ist es, die vier Ecken abzurunden, das erleichtert später das Einfassen. Dazu können Sie eine Untertasse oder ein Glas als Schablone verwenden.

3. Schneiden Sie dann die gewünschte Anzahl an Sets zu.

Stoffsets – man kann nie genug davon haben!

LOS GEHT'S

ERSTE SEITE NÄHEN

Beginnen Sie an einer Längsseite und stecken Sie das vorgefalzte Schrägband mit der rechten Seite auf die linke
Stoffseite des Sets. Schlagen Sie das Schrägband am Anfang
1 cm um und beginnen Sie dann zu steppen. Achten Sie darauf, dass die Kanten von Band und Set bündig liegen.

RUNDUNG NÄHEN

Dehnen Sie das Schrägband an den Rundungen beim Aufnähen leicht, dann legt es sich besser an und es entstehen
keine Fältchen. Nähen Sie das Schrägband ringsum fest.

SCHRÄGBAND ABSCHNEIDEN

Schneiden Sie das Schrägband mit 2 cm Zugabe ab, wenn Sie
wieder am Nahtanfang angekommen sind, und übersteppen
Sie den Bandanfang um 1 cm.

SCHRÄGBAND UMKLAPPEN UND ABSTEPPEN

Schlagen Sie das Schrägband zur Vorderseite des Sets um
und stecken oder heften Sie die vorgefalzte Kante fest.
Steppen Sie das Band ringsum knappkantig fest und achten
Sie darauf, dass es an der Verbindungsstelle gleich breit ist.

Auch mit Kuvertecken machen sich
die Tischsets gut. Auf diese Weise
wirken sie noch schlichter und passen
auch zu auffälligen Services.

Taschen nähen

Stofftaschen sind ebenfalls einfache Einsteigerprojekte. Um eine tolle Wirkung zu erzielen, verwenden Sie am besten dekorative Stoffe ganz nach Ihrem Geschmack. Oder Sie verzieren die Außenseite mit Ihrer persönlichen Schmucktechnik. Es ist verblüffend, wie unterschiedlich das gleiche Modell je nach Stoffwahl und Verzierung wirken kann.

ÜBER TASCHEN

Stofftaschen lassen sich in allen möglichen Größen und Formen nähen, angefangen von kleinen Kosmetiktäschchen über leichte Einkaufsbeutel zu großen Strandtaschen. Anfänger sollten mit kleinen Projekten beginnen, Fortgeschrittene wagen sich vielleicht an Modelle mit Reißverschluss und Futter. Eines ist garantiert: Sie werden Spaß am Nähen haben, da die Modelle so unkompliziert herzustellen sind.

GUT ZU WISSEN

Ihr erstes Modell sollte aus einfachem Baumwollstoff sein, er ist günstig und leicht zu verarbeiten. Achten Sie darauf, dass der Stoff stabil ist und die Henkel solide befestigt werden, damit sie nicht abreißen, wenn in der Tasche schwere Dinge transportiert werden. Auch für das Upcyceln von Materialien sind Taschen bestens geeignet. Vielleicht haben Sie ausgemusterte Textilien, die Sie dafür verwerten können.

Die Tasche „to go" –
ist im Handumdrehen
fertig genäht!

Die Luxusversion
des Jutebeutels ist
gefüttert.

DAS PERFEKTE
PROJEKT FÜR ALLE,
DIE ZWEI
Lieblingsfarben
HABEN

STOFFBEUTEL MIT INNENFUTTER

Die einfachste Variante einer Tasche ist der Stoffbeutel. Damit diese Tasche auch stabil wird, versehen Sie sie mit einem Innenfutter in einer Kontrastfarbe. Natürlich können Sie sie auch Ton in Ton abfüttern.

Sie benötigen

- je 0,5 m × Baumwollstoff in zwei Farben, 140 cm breit
- Nähgarn

Auch ein Baumwollband aus der Kurzwarenabteilung oder ein Lederriemen kann als Henkel dienen.

Schnitterstellung

Erstellen Sie eine Schnittvorlage aus Papier mit den Maßen 45 × 40 cm. Verwenden Sie für das Futter denselben Papierschnitt.

Zuschnitt

1. Schneiden Sie aus dem Oberstoff zwei gleich große Teile mit 1 cm Nahtzugabe an allen Kanten zu. Schneiden Sie aus dem restlichen Oberstoff für die beiden Henkel zwei Streifen in 7 × 75 cm Größe (mit 1 cm Nahtzugabe an allen Kanten) zu.

2. Schneiden Sie nach derselben Vorlage Vorder- und Rückteil aus dem Futterstoff zu.

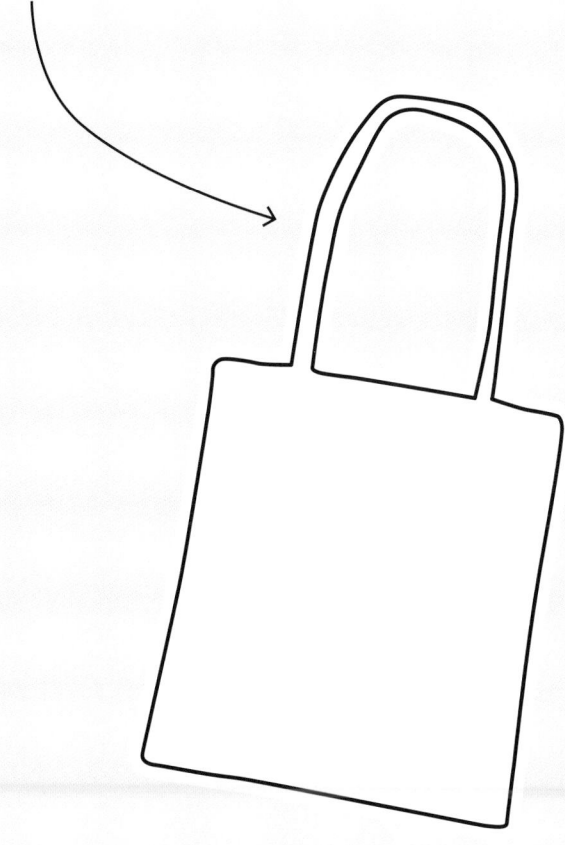

LOS GEHT'S

TASCHENTEILE AN DREI KANTEN ZUSAMMENNÄHEN

Legen und stecken Sie die Teile aus dem Oberstoff rechts auf rechts aufeinander und nähen Sie sie an den seitlichen Kanten und an der Unterkante mit einer Nahtbreite von 1 cm zusammen. Wenden Sie das Taschenteil zur rechten Seite.

FUTTER ZUSAMMENNÄHEN

Nähen Sie das Taschenfutter auf die gleiche Weise zusammen, lassen Sie jedoch an einer Längsseite etwa in der Mitte eine Öffnung von 15 cm Länge frei.

HENKEL FESTSTEPPEN

Falten Sie die Henkelteile der Länge nach, die Kanten liegen bündig aufeinander, die rechte Seite liegt innen. Steppen Sie die Längskanten mit einer Breite von 1 cm und vernähen Sie Nahtanfang und -ende sorgfältig.

JE EINE HENKELSCHMALSEITE PROVISORISCH SCHLIESSEN

Steppen Sie an jedem Henkel jeweils eine Schmalseite provisorisch (mit großen Stichen) zu, um das Wenden zu erleichtern. Dabei müssen Sie nicht vernähen.

5

HENKEL WENDEN UND BÜGELN

Stülpen Sie mithilfe eines Bleistiftes (mit dem stumpfen Ende) die zugesteppte Schmalseite nach innen und schieben Sie sie weiter durch den Tunnel zur anderen Seite. Öffnen Sie die provisorische Naht und bügeln Sie beide Henkel so, dass die Naht in der Mitte liegt.

6

HENKEL FESTNÄHEN

Platzieren Sie die Henkel mit den Schmalseiten an der oberen Taschenkante (an der Außenseite). Messen Sie jeweils von der Seitenkante der Tasche 10 cm nach innen und stecken Sie die Henkel beidseitig fest. Steppen Sie die Henkel an allen Enden fest und sichern Sie dabei Nahtanfang und -ende.

7

INNENTASCHE ÜBER AUSSENTASCHE STÜLPEN

Stülpen Sie die Futtertasche mit der seitlichen Öffnung über die Außentasche, sodass beide Teile jeweils mit der rechten Seite aufeinander liegen. Die Henkel verschwinden dabei zwischen beiden Taschenbeuteln.

8

TASCHENBEUTEL OBEN ZUSAMMENNÄHEN

Stecken Sie nun die Taschenbeutel an den oberen Kanten aufeinander und nähen Sie sie mit 1 cm Nahtbreite ringsum zusammen. Sichern Sie Nahtanfang und -ende.

HIER GEHT'S WEITER ❯❯→

WEITER GEHT'S

TASCHE NACH AUSSEN DREHEN

Jetzt kommt der schönste Teil der Verarbeitung: Greifen Sie durch die Öffnung der Futtertasche und ziehen Sie die Außentasche durch die Öffnung. Stecken Sie die Futtertasche in die Außentasche und nähen Sie die Öffnung knappkantig zu.

Tasche befüllen, fertig, los!

Tipp

Wenn Sie etwas festere Henkel haben möchten, können Sie eine leichte Einlage aufbügeln, bevor Sie die Henkel nähen. Achten Sie beim Umstülpen darauf, dass sich die Einlage nicht löst. Falls das doch der Fall ist: Die Henkel noch einmal gründlich von rechts bügeln, dann klebt die Einlage wieder auf dem Stoff.

Der Henkelansatz wird durch das Futter verdeckt. Innen und außen ist alles sauber verarbeitet.

EIN SCHICKES *Schatzkästchen* AUS STOFF FÜR ALLERLEI HÜBSCHE KLEINIGKEITEN

KOSMETIKTÄSCHCHEN

Dieses Täschchen ist das perfekte Übungsprojekt, um sich die Angst vor dem Reißverschluss-Einnähen zu nehmen. Es bietet sich als Geschenkidee für Ihre Freundinnen an oder als Geschenkverpackung für duftende Seifen.

Sie benötigen

- 0,5 m Dupionseide 1,40 m breit
- 0,5 m Futterstoff (hier Baumwolle), 1,40 m breit
- 0,3 × 0,3 m Volumenvlies zum Aufbügeln
- 70 cm Satinband, 2 cm breit
- Nähgarn
- Zierelement, wie ein Kristallsteinchen oder ein dekorativer Knopf
- 1 Reißverschluss, 20 cm lang

Zuschnitt

1. Schneiden Sie nach der Schnittvorlage je zwei Teile aus Oberstoff, aus Futter und aus Volumenvlies zu.

2. Beschneiden Sie das Volumenvlies um ca. 2–3 mm, damit es nicht über den Oberstoff ragt und beim Aufbügeln auf dem Bügelbrett kleben bleibt.

Dupionseide

Die Seidenqualität hat Stand und lässt sich auch von Anfängern gut verarbeiten. Sie hat einen wünderschönen Glanz, weil Kette- und Schlussfäden unterschiedliche Farben haben.

Immer im Dienste der Schönheit unterwegs

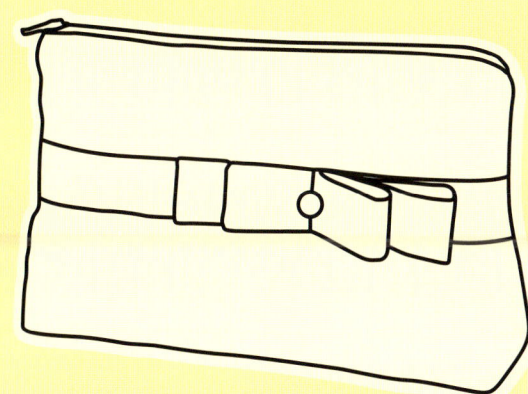

LOS GEHT'S

SCHLEIFE AUS SATINBAND

Bereiten Sie die Schleife vor: Stecken Sie an einem Ende des 70 cm langen Bands nach 18 cm und am anderen Ende nach 12 cm eine Markierung ab. Steppen Sie das Band an den Markierungen mit einer kurzen Quernaht aufeinander.

SCHLEIFE FERTIGSTELLEN

Messen Sie von dieser Naht weitere 12 cm zur Schlaufe hin ab und steppen Sie das Band dort wieder quer zusammen. Falten Sie die so entstandenen Schlaufen an der Naht auseinander, legen Sie den Nahtschatten der oberen Schlaufe auf den der unteren und steppen Sie sie dort aufeinander.

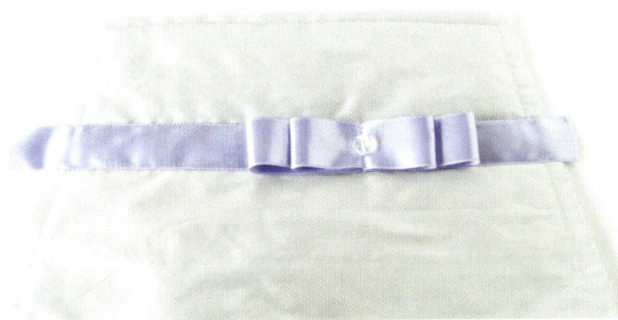

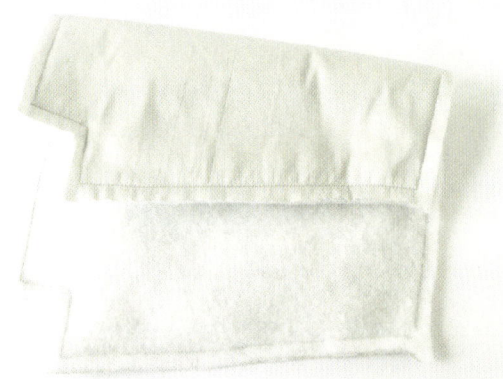

SCHLEIFE UND KNOPF ANNÄHEN

Jetzt können Sie das Satinband mit Schleife nach Belieben auf das verstärkte Vorderteil stecken und das Zierband entlang der oberen und unteren Kante aufnähen. Klappen Sie dabei die Schleifen um und nähen Sie bis zur Quernaht. Befestigen Sie zum Schluss den Zierknopf auf der Schleife.

OBERSTOFF MIT VOLUMENVLIES VERSTÄRKEN

Legen Sie die raue Klebeseite der Vlieseinlage auf die linke Seite des Oberstoffs und stellen Sie das Bügeleisen auf mittlere Hitze ein. Decken Sie die Vlieseinlage mit einem feuchten Tuch ab und drücken (nicht schieben!) Sie das Bügeleisen partienweise jeweils ca. 15 Sekunden (oder nach Herstelleranweisung) auf das Vlies. Lassen Sie das Teil zum Schluss 30 Minuten lang flach auskühlen.

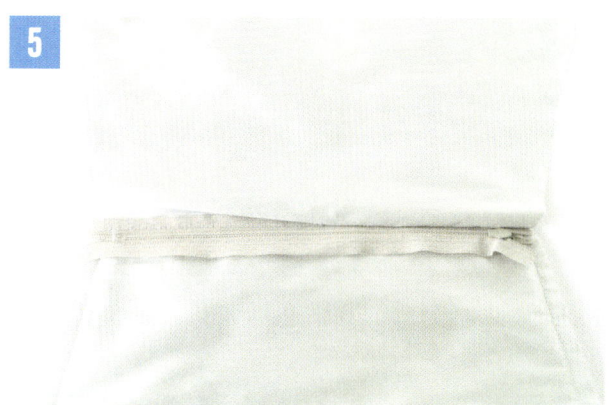

REISSVERSCHLUSS EINNÄHEN

Legen Sie den Reißverschluss rechts auf rechts bündig an die Oberkante eines Taschenteils und nähen Sie ihn fest (siehe auch Seite 56); ebenso am zweiten Taschenteil. Legen Sie jeweils die Oberkante des Innenfutters rechts auf links an die Reißverschlusskante und nähen Sie sie in der ersten Naht fest. Der Reißverschluss liegt zwischen den Stoffteilen.

NAHTZUGABE INNEN KNAPPKANTIG ABSTEPPEN

Bügeln Sie die Nahtzugaben zur Futterseite und steppen Sie sie dort knappkantig fest (dabei das Reißverschlussband erfassen, jedoch nicht den Oberstoff). Dadurch wird verhindert, dass sich das Futter beim Öffnen und Schließen der Tasche in den Reißverschluss schiebt und diesen blockiert.

SEITENNÄHTE UND BODENNAHT SCHLIESSEN

Achten Sie darauf, dass der Reißverschluss etwa zur Hälfte geöffnet ist und legen Sie nun Futter und Oberstoff an den Seiten rechts auf rechts aufeinander. Achten Sie darauf, dass der Reißverschluss bündig liegt. Schließen Sie mit einer Naht die Längskanten von Oberstoff und Futter.

BODENNÄHTE SCHLIESSEN

Schließen Sie dann beide Bodennähte, lassen Sie dabei die des Innenfutters in der Mitte ca. 10 cm offen.

HIER GEHT'S WEITER ▸▸▸

WEITER GEHT'S

ECKEN SCHLIESSEN

Ziehen Sie die vier Öffnungen der Ecken auseinander und legen Sie diese zusammen, um die Naht mit 1 cm Breite zu schließen. Achten Sie darauf, dass Seiten- und Bodennähte an den Kreuzungspunkten übereinstimmen.

TÄSCHCHEN WENDEN

Wenden Sie die Tasche durch die Öffnung des Futters zur rechten Seite und stülpen Sie die Ecken von Oberstoff und Futter nach außen.

BODENNAHT SCHLIESSEN

Schließen Sie dann die Bodennaht des Futters.

Eine echte Beauty, oder?

ZU JEDEM
LIEBLINGSOUTFIT
GEHÖRT EINE
Lieblingsclutch.

ABEND-CLUTCH

Falls Sie auf die Schnelle eine passende Clutch zu Ihrem neuen
Kleid brauchen, habe ich für Sie eine einfache Lösung: Nähen Sie
selbst eine! Dieses Projekt schaffen Sie an einem Nachmittag.

Sie benötigen

- 0,3 × 0,3 m Oberstoff, hier z. B. Dupionseide
- 0,3 × 0,3 m Futterstoff, hier ebenfalls Seide
- Einlage zum Aufbügeln:
  0,3 × 0,3 m Volumenvlies für den Oberstoff
  0,3 × 0,3 m dünnere Einlage für das Innenfutter
- 1 Druckknopf oder Magnetverschluss
  Zierknöpfe nach Belieben
- Nähgarn

Schnitterstellung

Fertigen Sie gemäß der Skizze unten die beiden Schnitt-
vorlagen aus Papier an.

Zuschnitt

1. Schneiden Sie Schnittteil A und Schnittteil B jeweils
   aus Oberstoff und Futterstoff mit 1 cm Nahtzugabe zu.

2. Schneiden Sie die Einlagen ringsum etwa 3 mm kleiner
   als die Stoffteile zu, damit die Ränder der Einlage
   beim Aufbügeln nicht am Bügelbrett festkleben.

3. Bügeln Sie die Einlagen auf Oberstoff und Futterstoff.

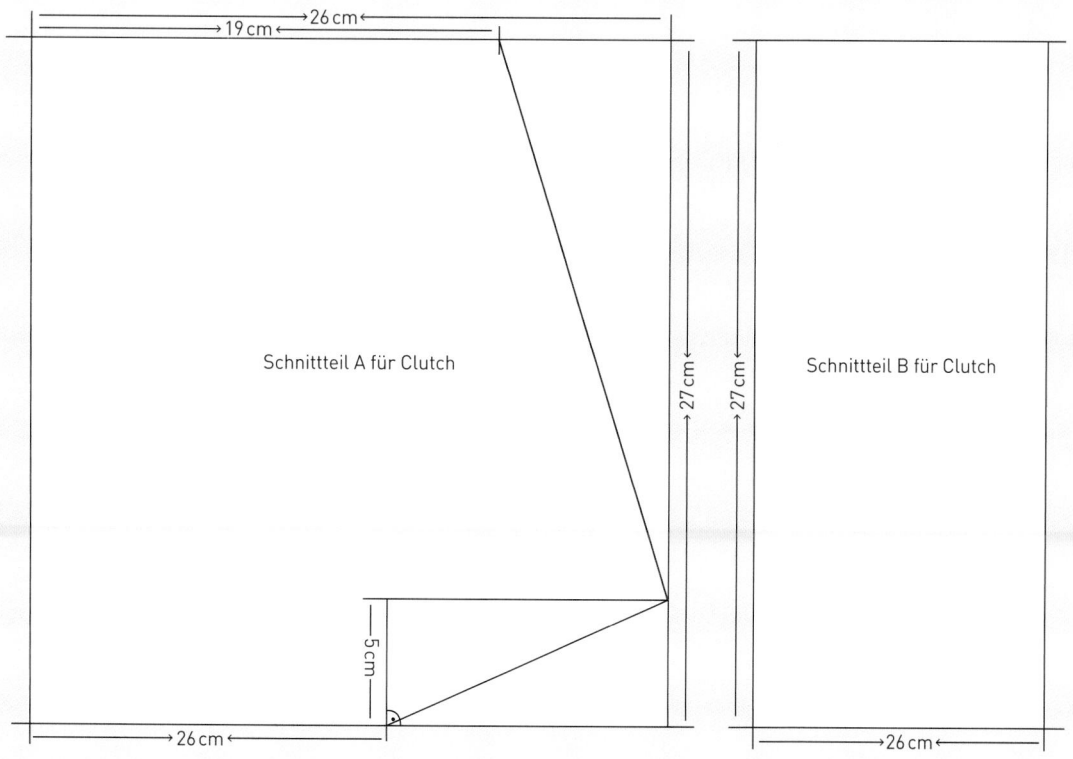

Schnittteil A für Clutch

Schnittteil B für Clutch

LOS GEHT'S

1

TASCHENTEILE AN SEITEN- UND UNTERKANTE ZUSAMMENNÄHEN

Legen Sie die verstärkten äußeren Taschenteile rechts auf rechts und stecken Sie sie an den seitlichen Kanten und der Unterkante. Schließen Sie die Seiten- und die Bodennaht fortlaufend mit einer Nahtbreite von 1 cm.

2

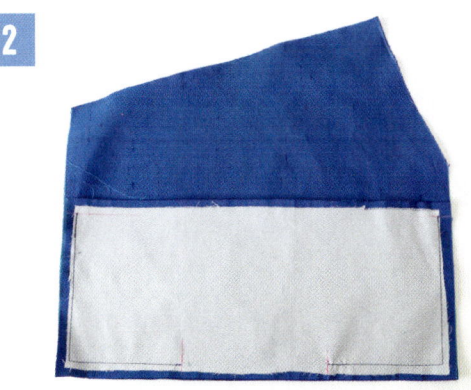

FUTTERTEILE ZUSAMMENNÄHEN

Legen Sie die Futterteile ebenfalls rechts auf rechts und schließen Sie die Seitennähte und die Bodennaht, lassen Sie jedoch in der Bodennaht eine Öffnung von 10 cm frei. Sichern Sie die Naht vor und nach der Öffnung.

3

AUSSEN- UND FUTTERTASCHE ZUSAMMENNÄHEN

Wenden Sie die Außentasche auf die rechte Seite. Schieben Sie die Außentasche rechts auf rechts in die Futtertasche und stecken Sie sie an den Kanten bündig aufeinander. Verstürzen Sie die Teile zuerst an der Taschenklappe, nähen Sie dabei von einer seitlichen Markierung bis zur gegenüberliegenden mit einer Nahtbreite von 1 cm.

4

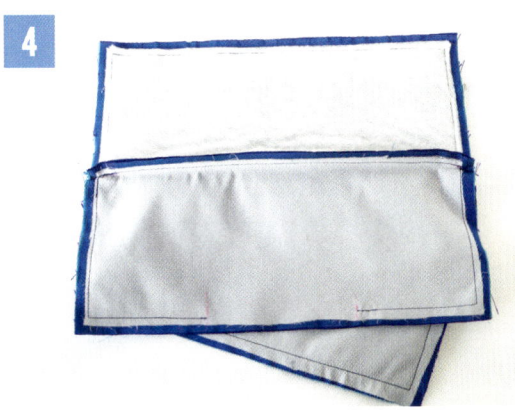

EINGRIFFKANTE VERSTÜRZEN

Nähen Sie dann Außen- und Futtertasche an der Eingriffkante zusammen. Achten Sie darauf, dass sich dabei die Anschlusspunkte der einzelnen Nähte nicht verschieben.

5

TASCHE NACH RECHTS WENDEN

Wenden Sie die Tasche durch die Bodenöffnung im Futter auf die rechte Stoffseite. Stecken Sie nun die Futtertasche in die Außentasche, stülpen Sie alle Ecken sorgfältig nach außen und bügeln Sie die Kanten. Wenn Sie möchten, können Sie die Taschenklappe auch knappkantig absteppen.

6

DRUCKKNOPF ANNÄHEN

Nähen Sie eine Druckknopfhälfte auf die Innenseite der Taschenklappe und die andere entsprechend unten auf die Vorderseite der Tasche.

7

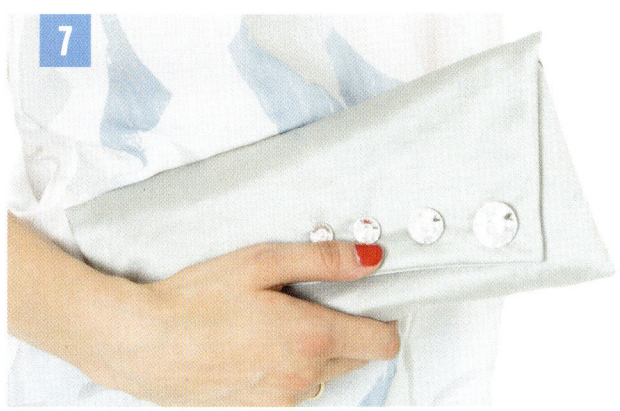

TASCHE VERZIEREN

Schmücken Sie die Taschenklappe nach Belieben mit aufnähbaren Kristallsteinchen, Zierknöpfen oder anderen Zierelementen. Fertig ist das Unikat!

Viel Freude beim Ausgehen!

Röcke nähen

Röcke gehören ebenfalls zu den einfachen Anfängerprojekten. Ob Sie sich einen schlichten Baumwollstoff oder fließende Seide aussuchen – Sie allein bestimmen die Farbe, die Länge und die Weite des Rocks. So können Sie nicht nur einen Rock nähen, der Ihnen auf den Leib geschneidert ist, sondern auch mit der Wirkung unterschiedlicher Stoffe spielen und eigene Designideen verwirklichen.

ÜBER RÖCKE

Anfänger können als erstes Projekt einen Rock mit Gummizug wählen, Fortgeschrittene wagen sich vielleicht schon an einen engen Rock mit Reißverschluss und Bund. Auch ein einfaches Modell, aus schönem Stoff und mit aufgesetzten Taschen gearbeitet, wird garantiert zum Lieblingsstück.

GUT ZU WISSEN

Wenn Sie einen Rock nähen möchten, sollten Sie sich zuerst den Schnitt überlegen und dann passend dazu den Stoff auswählen. Für weite Röcke eignen sich eher weiche, dünne Stoffe, für schmale Schnitte kann man gut feste, dickere Stoffe verwenden. Enge Röcke sollten abgefüttert werden.

Perfekt auf Sie zugeschnitten!

Das rockt!

DARF ICH VORSTELLEN?
Der wahrscheinlich einfachste Rock der Welt!

ROCK MIT GUMMIZUG

Einfacher geht es eigentlich nicht, sich selbst etwas Neues zum Anziehen zu nähen. Der gerade geschnittene Rock lässt sich in unterschiedlichen Längen und aus den verschiedensten Stoffen anfertigen.

Sie benötigen

- 0,6 m Baumwollstoff, 140 cm Breite
- Gummiband (Länge wie Taillenweite plus Zugabe)
- Nähgarn

Für diesen geraden Rock mit Gummizug berechnen Sie die Stoffmenge entsprechend Ihren Maßen:

Hüftweite (hier 96 cm) + Zugabe von 15–30 cm (hier 20 cm) = 116 cm Rockweite + 4 cm Nahtzugabe = 120 cm Breite

Gewünschte Rocklänge (hier 50 cm) + 4 cm Saum + 4 cm Nahtzugabe für den Tunnelzug = 58 cm Länge

Das ergibt aufgerundet die Stoffmenge von 0,6 m bei einer Stoffbreite von 140 cm.

Vorsicht

ACHTEN SIE BEIM STOFFEINKAUF DARAUF, DASS DER STOFF GERADE ABGESCHNITTEN WIRD, SONST IST EINE WEBKANTE ZU KURZ.

Schnitterstellung

Erstellen Sie eine Schnittvorlage für den halben Rock, die dann im Stoffbruch aufgelegt wird. Zeichnen Sie dafür ein Rechteck von 58 × 50 cm Länge (½ Rockweite × Rocklänge ohne Nahtzugabe).

Zuschnitt

1. Falten Sie den Stoff zur Hälfte und stecken Sie ihn rechts auf rechts an den Webkanten aufeinander. Legen Sie die Schnittvorlage mit der Länge von 50 cm (Längskante) direkt an die Bruchkante und stecken Sie sie fest.

2. Zeichnen Sie die Nahtzugaben mithilfe eines Geodreiecks und Schneiderkreide parallel zu den Papierkanten auf den Stoff. Geben Sie an der Längskante für die Seitennaht 2 cm dazu. Geben Sie an der Taillenkante 4 cm für den Tunnelzug und an der unteren Kante 4 cm für den Saum dazu.

Nun können Sie Ihre Schere zücken – nur Mut, jetzt kann nichts mehr schiefgehen!

LOS GEHT'S

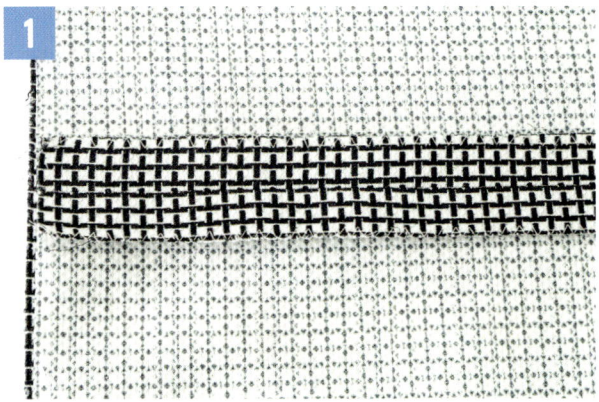

LÄNGSNAHT SCHLIESSEN

Nehmen Sie den Papierschnitt vom Stoff ab und legen Sie das Teil an den Längskanten rechts auf rechts. Steppen Sie die Längsnaht des Rockes mit einer Breite von 2 cm. Das Vernähen an Nahtanfang und -ende nicht vergessen!

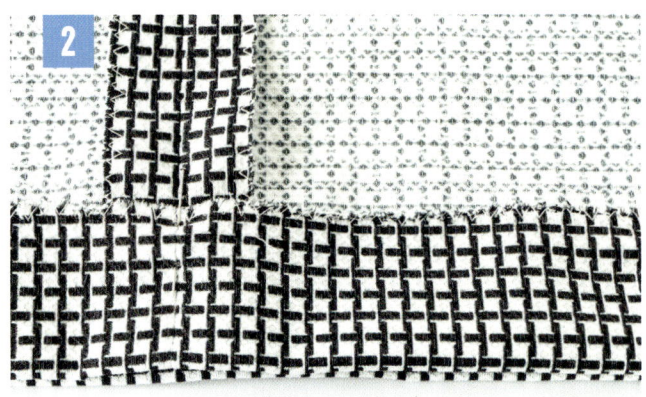

KANTE VERSÄUBERN UND SAUM FESTSTECKEN

Sie können den Saum per Maschine oder mit einem unsichtbaren Saumstich (siehe Seite 25) festnähen. Versäubern Sie die Saumkante mit Zickzackstich, schlagen Sie den Saum 4 cm zur linken Seite um und stecken Sie ihn fest.

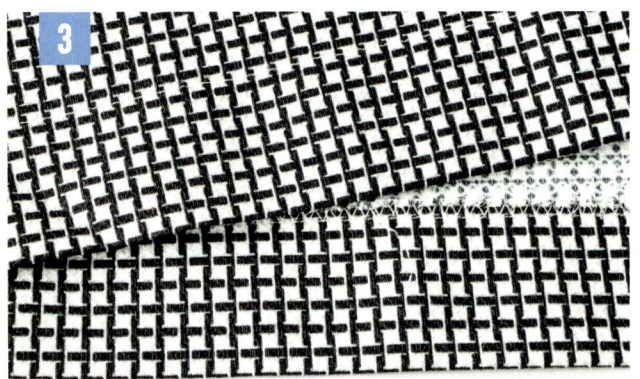

SAUM FESTNÄHEN

Steppen Sie den Saum entweder mit der Maschine oder befestigen Sie ihn per Hand mit Saumstichen.

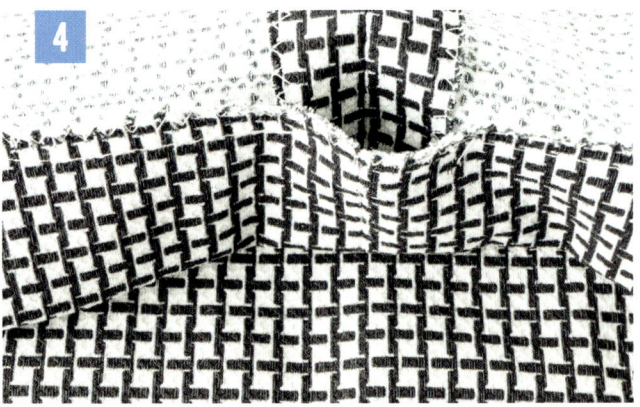

TUNNELZUG NÄHEN

Versäubern Sie die Taillenkante mit Zickzackstich. Schlagen Sie 4 cm für den Tunnelzug zur linken Seite um und steppen Sie den Umschlag füßchenbreit fest, lassen Sie am Ende eine ca. 3 cm breite Öffnung frei. Bügeln Sie den Umschlag.

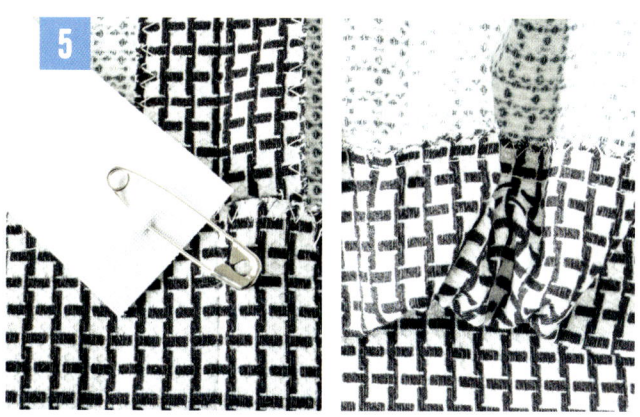

GUMMIBAND EINZIEHEN

Legen Sie die Länge des Gummibands fest, stecken Sie dieses an eine größere Sicherheitsnadel und schieben Sie das Gummiband mithilfe der Nadel durch den Tunnel.

GUMMIBAND SICHERN

Nähen Sie die Enden des Gummibands aufeinander und vernähen Sie Nahtanfang und -ende sorgfältig.

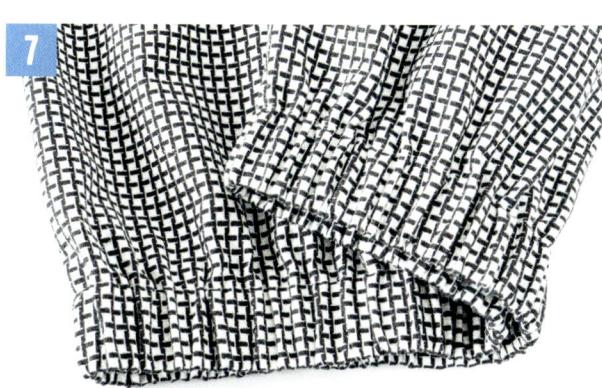

FÄLTCHEN SCHÖN VERTEILEN

Schieben Sie das Gummiband komplett in den Tunnel und schließen Sie nach Belieben die Öffnung mit Handstichen – fertig ist der einfache Rock!

Glückwunsch zu Ihrem ersten selbst genähten Rock!

Der schwarz-weiße Rock verträgt eine Handtasche in poppiger Farbe – selbstverständlich auch selbst genäht!

LASSEN SIE DIE *Pünktchen* FLIEGEN!

TELLERROCK

Was diesen Rock so schön macht, ist die Menge Stoff, die in ihm steckt – und der kreisrunde Schnitt sorgt für den Schwung im Saum. Führen Sie Ihren selbst genähten Rock zum Tanzen aus und erwecken Sie ihn zum Leben.

Sie benötigen

- 3,2 m Baumwoll- oder Viskosestoff, 140 cm breit
- Gummiband, Länge wie Taillenweite, 3,5 cm breit
- Nähgarn

Stoffverbrauch berechnen

Für diesen weit schwingenden Rock mit Gummizug berechnen Sie je nach gewünschter Länge den Stoffverbrauch (inkl. Nahtzugaben) folgendermaßen:

Taillenweite (hier 72 cm) + 15 cm = 87 cm (Umfang)

Kreisberechnung für die Taille:

Durchmesser = Umfang (87) : 3,14 = 27,7 cm (28 cm)

Der Radius ergibt sich aus dem halben Durchmesser und beträgt somit 14 cm.

Gewünschte Rocklänge (hier 60 cm) + 2 cm Saum + 1 cm Zugabe für die Oberkante = 63 cm Rocklänge

Sie benötigen für ein Teil: Taillenradius + Rocklänge = 14 cm + 63 cm = 77 cm

Stoffmenge für vier Bahnen: 77 × 4 = 3,08 m

Schnitterstellung

1. Legen Sie einen großen Bogen Schnittpapier auf die Arbeitsfläche. Zeichnen Sie an einer Ecke die Radien von 14 cm (siehe oben) im 90-Grad-Winkel ein und ziehen Sie einen Kreisbogen mithilfe des Maßbands. Messen Sie, von diesem Kreisbogen ausgehend, die Rocklänge dazu, hier sind es 63 cm. Ziehen Sie einen zweiten Kreisbogen für den Saum.

2. Nun haben Sie eine Rockbahn konstruiert – der Rock besteht aus vier gleich großen Bahnen –, die Schnittvorlage ist fertig. Diese schneiden Sie viermal zu, so erhalten Sie einen ganzen Ring.

3. Erstellen Sie noch eine Schnittvorlage für den Bund mit 89 cm (inkl. 2 cm Nahtzugabe) Länge und 10 cm Breite (inkl. 2 cm Nahtzugabe; fertige Breite = 4 cm).

Zuschnitt

1. Falten Sie den Stoff mittig der Breite nach (rechte Stoffseite liegt innen) und stecken Sie ihn an den Webkanten aufeinander. Stecken Sie die Schnittvorlage im Fadenlauf fest und übertragen Sie die Konturen auf den doppelt gelegten Stoff.

2. Übertragen Sie die Schnittvorlage noch einmal auf den doppelt gelegten Stoff, sodass Sie insgesamt vier Rockteile erhalten. Fixieren Sie die Teile entlang der Konturen mit Stecknadeln und schneiden Sie sie zu. Sie können die Teile auch nach und nach, versetzt angeordnet, auf dem einfach gelegten Stoff zuschneiden, vergewissern Sie sich aber zuerst, ob der Stoff ausreicht.

3. Schneiden Sie das Bundteil mit 89 × 10 cm zu.

LOS GEHT'S

ROCKBAHNEN ZUSAMMENNÄHEN

Stecken und heften Sie jeweils eine Rockbahn mit der Längskante an die nächste (rechts auf rechts). Steppen Sie die Längsnähte mit einer Breite von 1 cm. Achten Sie darauf, dass sich die Kanten dabei nicht verschieben. Versäubern Sie jede Naht in einem Durchgang mit Zickzackstich.

BUND ZUR HÄLFTE AN DEN SCHMALSEITEN ZUSAMMENNÄHEN

Bügeln Sie das Bundteil der Länge nach zur Mitte. Nähen Sie es an den Schmalseiten zur Hälfte mit 1 cm Nahtbreite zusammen und bügeln Sie die Naht aus.

BUND AN DER LÄNGSKANTE MITTIG FALTEN

Falten Sie den Bund mittig an der Bruchkante, die rechte Stoffseite liegt außen, und bügeln Sie ihn noch einmal.

BUND FESTNÄHEN

Stecken Sie nun den Bund rechts auf rechts an die obere Rockkante, die Kanten sollten bündig liegen. Achten Sie darauf, dass die Öffnung am Bund auf der Innenseite liegt. Nähen Sie den Bund ringsum mit 1 cm Nahtbreite fest. Versäubern Sie diese Naht mit Zickzackstich, klappen Sie den Bund hoch und bügeln Sie die Nahtzugaben nach unten.

SAUM NÄHEN

Schlagen Sie die Saumkante jeweils 1 cm doppelt um und steppen Sie den Saum von links knappkantig fest. Achten Sie darauf, dass keine Schrägzüge entstehen. Sie können den Saum auch zuerst heften, dann lässt er sich leichter nähen.

GUMMIBAND SICHERN

Steppen Sie die Enden des Gummibands aufeinander, schieben Sie es dann komplett in den Tunnel und fertig! Sie können die Öffnung noch mit kleinen Handstichen schließen.

GUMMIBAND EINZIEHEN

Bestimmen Sie die Länge des Gummibands, haken Sie dieses in einer größeren Sicherheitsnadel ein und schieben Sie es, mit der Nadel voran, in die Öffnung durch den Bund.

Die 50er-Jahre grüßen uns wieder.

Smart Casual
MIT PRAKTISCHEN
TASCHEN

ROCK MIT BUND UND TASCHEN

Gereiht, mit aufgesetzten Taschen und Reißverschluss – dieser Rock hat einige Raffinessen, die Sie an Ihrer Nähmaschine umsetzen werden. Bleiben Sie dran und Sie werden mit einem kombinationsfreudigen Teil belohnt.

Sie benötigen

- ca. 1 m Baumwollstoff (hier Pikée), 140 cm breit
- ca. 0,25 × 0,2 m Futterstoff für die Taschen
- aufbügelbare Bundeinlage, Länge wie Taillenweite plus 4 cm Nahtzugabe
- Reißverschluss, 20 cm lang
- 2 Haken und Ösen
- Nähgarn

Berechnung Stoffverbrauch

Hüftweite (hier 96 cm) + 10 cm = 116 cm Rockweite + 4 cm Nahtzugabe = 120 cm Breite

Gewünschte Rocklänge (hier 53 cm) + 4 cm Saum + 1 cm Nahtzugabe für die Bundnaht = 58 cm Länge

Das ergibt aufgerundet eine Stoffmenge von 60 cm, hinzu kommen noch ca. 40 cm für Bund und Taschen.

Schnitterstellung

1. Zeichnen Sie für die Rockteile zwei Rechtecke mit jeweils 29 cm × 53 cm (¼ Rockweite × Länge ohne Nahtzugabe).
2. Erstellen Sie eine Vorlage für den Bund, hier ist sie 72 cm lang (Taillenweite) und 5 cm breit.
3. Zeichnen Sie für die Taschen ein Rechteck von 20 cm Länge und 15 cm Breite. Messen Sie oben von links nach rechts 6 cm ab und an der linken Längsseite 14 cm nach unten. Markieren Sie die Punkte.
4. Verbinden Sie beide Punkte mit einer Diagonalen, daraus ergibt sich der Tascheneingriff. Runden Sie die untere rechte Ecke leicht ab.

Zuschnitt

1. Legen Sie den Stoff rechts auf rechts zur Hälfte, Webkante liegt auf Webkante. Stecken Sie eine Schnittvorlage (Vorderteil) mit der Längskante direkt an der Bruchkante fest. Legen Sie die zweite Vorlage (Rückteil) mit der Längskante und einer Nahtzugabe von 2 cm an die Webkante.
2. Zeichnen Sie mithilfe eines Geodreiecks und Kreide die Nahtzugaben parallel zu den Papierkanten auf den Stoff. Geben Sie bei Vorder- und Rückteil an den Längskanten jeweils 2 cm, an der oberen Kante 1 cm und an der unteren Kante 4 cm (Saum) hinzu. Fügen Sie am Bund an den Längskanten je 1 cm, an den Schmalseiten je 2 cm sowie an den Taschen ringsum 1 cm Nahtzugabe hinzu. Schneiden Sie die Taschen je zweimal aus Oberstoff und Futter zu.

LOS GEHT'S

RÜCKWÄRTIGE MITTELNAHT SCHLIESSEN

Stecken Sie die rückwärtigen Rockteile an der Mittelnaht rechts auf rechts. Messen Sie von der Oberkante 20 cm nach unten für den Reißverschluss und markieren Sie den Punkt. Steppen Sie die Naht ab der Markierung mit einer Breite von 2 cm. Versäubern Sie die Kanten einzeln mit Zickzackstich.

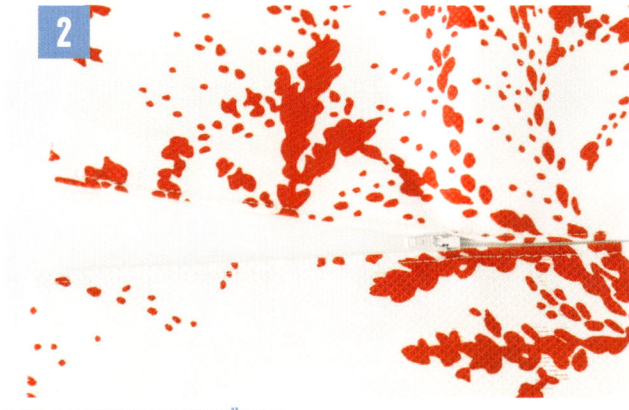

REISSVERSCHLUSS EINNÄHEN

Bügeln Sie die Naht auseinander und fortlaufend die offenen Kanten um. Stecken und heften Sie den Reißverschluss in der Öffnung fest und nähen Sie ihn ein (siehe auch Seite 53).

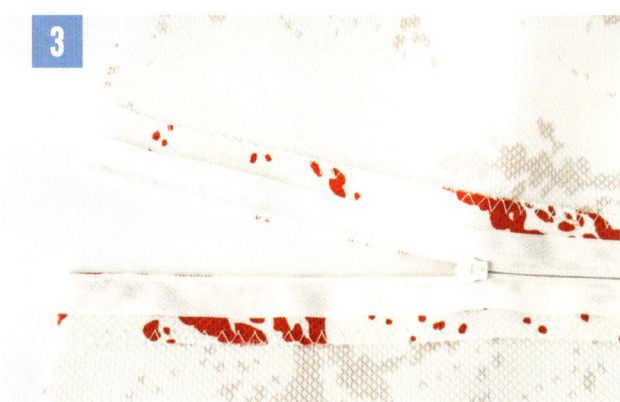

RÜCKWÄRTIGES ROCKTEIL

So sieht der festgenähte Reißverschluss von der linken Seite aus. Bügeln Sie noch einmal vorsichtig darauf. Das rückwärtige Rockteil ist nun fertig.

TASCHENTEILE VERSTÜRZEN

Legen Sie die Taschenteile jeweils rechts auf rechts mit den Futterteilen. Nähen Sie sie mit einer Nahtbreite von 1 cm zusammen, die obere und die seitliche Kante bleiben offen. Sie können zuerst die abgeschrägte Seite des Tascheneingriffs nähen und dann die Seite mit der Rundung.

NAHTZUGABEN ZURÜCKSCHNEIDEN

Bügeln Sie die Naht und schneiden Sie die Nahtzugaben etwas zurück, um schönere Kanten zu erhalten.

TASCHEN NACH RECHTS WENDEN

Wenden Sie die Taschen auf die rechte Seite. Bügeln Sie die Kanten sorgfältig, die Naht darf außen nicht zu sehen sein.

TASCHEN AUF DAS VORDERTEIL NÄHEN

Stecken Sie die Taschen jeweils seitlich auf das Rockvorderteil. Dabei liegen die oberen Schnittkanten der Taschen bündig an der Taillenkante und die seitlichen Schnittkanten der Taschen bündig an der seitlichen Kante des Vorderteils. Nähen Sie die Taschen knappkantig fest. Sie können sie auch ein zweites Mal füßchenbreit absteppen.

ROCKTEILE OBEN EINREIHEN

Nun werden Vorder- und rückwärtiges Teil auf Taillenweite gebracht: Steppen Sie mit großer Stichlänge 2 Reihnähte (siehe auch Seite 59) an der oberen Kante (von dort 0,7 cm und 1,5 cm entfernt). Reihen Sie das Vorderteil auf 35 cm Weite ein und die rückwärtigen Hälften auf jeweils 17,5 cm.

HIER GEHT'S WEITER ➤➤➤

WEITER GEHT'S

9

SEITENNÄHTE SCHLIESSEN

Stecken Sie Vorder- und rückwärtiges Teil an den Seiten rechts auf rechts. Steppen Sie die beiden Seitennähte mit einer Nahtbreite von 2 cm. Versäubern Sie alle Kanten einzeln mit Zickzackstich. Bügeln Sie die Seitennähte auseinander.

10

BUNDEINLAGE AUFBÜGELN

Nun wird der Bund vorbereitet: Bügeln Sie zunächst die Bundeinlage auf das Bundteil. Wenn Sie von der rechten Stoffseite bügeln, können Sie ein dünnes Tuch darauflegen, damit kein Kleber am Bügeleisen hängen bleibt.

11

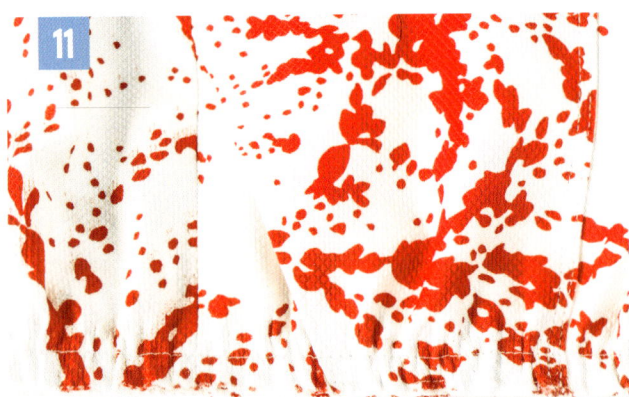

MEHRWEITE VERTEILEN

Verteilen Sie die Kräuselweite an Vorder- und rückwärtigem Teil gleichmäßig. Nur an den Seiten sollte etwas weniger Weite vorhanden sein, damit die Silhouette schmal bleibt.

12

BUND ANNÄHEN

Stecken Sie den offenen, verstärkten Bund mit der rechten Stoffseite auf die linke Rockseite, die Längskanten liegen bündig aufeinander. Lassen Sie an den Enden jeweils 2 cm Nahtzugabe überstehen und nähen Sie den Bund fest. Klappen Sie ihn dann an der Falzung rechts auf rechts zur Mitte und nähen Sie die Schmalseiten mit der Nahtbreite von 2 cm zu (dabei muss die gefalzte Längskante umgeschlagen sein).

BUND VON RECHTS FESTSTEPPEN

Drehen Sie den Bund nun auf die Außenseite (inklusive Schmalseiten), schlagen Sie die Nahtzugabe an der Falzung nach innen um, stecken Sie die Bundkante etwas über der Ansatznaht fest und nähen Sie den Bund knappkantig fest.

HAKEN UND ÖSEN ANBRINGEN

Nähen Sie als Verschluss zwei Haken und Ösen (siehe auch Seite 33) innen an den Bundenden fest.

ROCK SÄUMEN

Sie können den Saum per Maschine oder mit einem unsichtbaren Saumstich (siehe Seite 25) von Hand festnähen. Versäubern Sie zunächst die Saumkante mit Zickzackstich und bügeln Sie sie 4 cm nach innen um. Stecken oder heften Sie den Saum und nähen Sie ihn fest.

Chapeau, das war gar nicht so einfach!

Einmal zippen, zweimal
haken und der Rock ist zu.

Hosen nähen

Für die vorgestellten Hosenmodelle benötigen Sie eine Schnittvorlage,
die Sie hinten im Buch finden. Sie arbeiten also mit Schnittmustern und
machen sich damit vertraut. Keine Sorge, auch das ist keine Hexerei!
Zum Kopieren der Schnittteile können Sie normales Schnittmusterpapier
verwenden. Übertragen Sie alle Markierungen, Beschriftungen und den
Fadenlauf auf den Stoff. Los geht's!

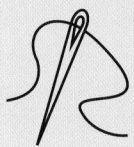

ÜBER HOSEN

Es gibt unterschiedliche Schnittvarianten für Hosen, die
einfachsten und für Anfänger am besten geeigneten sind
gerade geschnittene Modelle mit Gummizug in der Taille.
Wer im Taschennähen bereits geübt ist, kann sein Hosenmodell
mit aufgesetzten oder Eingrifftaschen aufwerten.

GUT ZU WISSEN

Für Hosen sollte der Stoff nicht allzu dünn sein, schließlich
wird dieses Kleidungsstück beim Tragen beansprucht und
sollte sich nicht gleich durchscheuern. Für weiter geschnittene
Modelle eignet sich leichter Baumwollstoff, für schmale Hosen
festere Materialien, am besten mit Elasthananteil.

Super vielseitig und ruck, zuck fertig

Wer hat hier die Hosen an?

VICHYKARO IST *zauberhaft* FÜR SOMMERLICHE KLEIDUNG.

PYJAMAHOSE MIT GUMMIZUG

Für das Sonntagsfrühstück im Bett, zum Faulenzen auf dem Sofa und natürlich, last but not least, zum Schlafen. Aus einem zeitlos gemusterten Stoff genäht, werden Sie diese gemütliche Hose gar mehr ausziehen wollen.

Sie benötigen

- 1,3 m Baumwollstoff, 140 cm breit
- 0,3 m weißer Baumwollstoff, 140 cm breit
- Gummiband, Länge wie Taillenweite, 3,5 cm breit
- Gewebeeinlage
- Nähgarn
- farblich kontrastierendes Garn für Verzierung

Ermitteln Sie zuerst Ihre persönlichen Maße: Für die Hose benötigen Sie Taillenweite, Hüftweite und Seitenlänge. Übertragen Sie die passende Größe vom Schnittbogen auf Papier, zeichnen Sie die Markierungen ein.

Dieses Modell besteht aus drei Schnittteilen: vorderes Hosenteil, rückwärtiges Hosenteil und Tasche.

Zuschnitt

1. Legen Sie den Stoff der Länge nach zur Hälfte, die rechten Stoffseiten liegen innen, und stecken Sie die Webkanten aufeinander. Stecken Sie die Schnittteile auf dem Stoff fest (dabei den Fadenlauf beachten), und fügen Sie mithilfe des Geodreiecks und Schneiderkreide an allen Kanten 1 cm Nahtzugabe sowie für den Hosensaum 4 cm Zugabe hinzu.

2. Schneiden Sie die Teile sorgfältig zu. Markieren Sie die seitlichen Passzeichen mit kleinen Einschnitten.

 **Tipp**

Für die Pyjamahose verwenden Sie am besten eine dicht gewebte, leichte Baumwollqualität in hellen Tönen, die sich angenehm weich anfühlt.

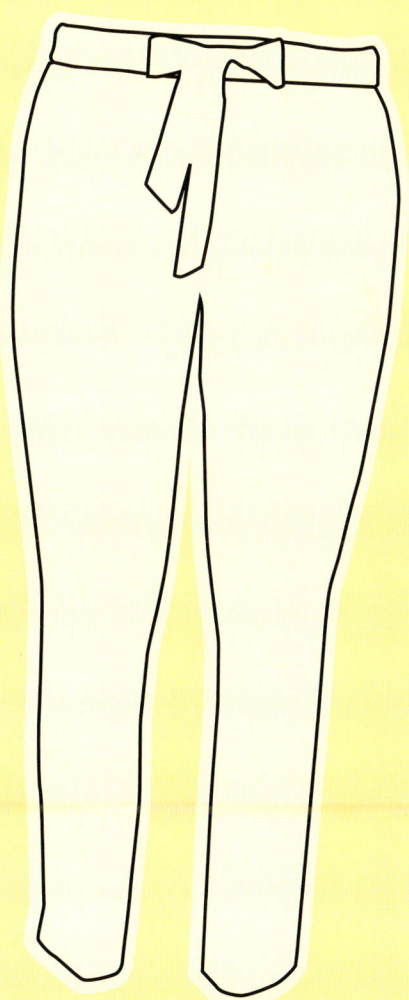

LOS GEHT'S

1

TASCHEN VERSTÜRZEN

Legen Sie je ein Taschenteil und ein Futterteil rechts auf rechts aufeinander und nähen Sie sie mit 1 cm Nahtbreite zusammen, lassen Sie dabei an einer Längskante eine Öffnung von 4 cm frei. Vernähen nicht vergessen!

2

NAHTZUGABEN ZURÜCKSCHNEIDEN

Schneiden Sie die Nahtzugaben vorsichtig zur Hälfte zurück, achten Sie darauf, nicht in die Naht zu schneiden.

3

TASCHEN WENDEN

Wenden Sie die Taschen durch die Öffnung an der Längskante auf die rechte Stoffseite.

4

TASCHEN BÜGELN

Bügeln Sie die Kanten flach und schlagen Sie dabei die noch offenen Kanten nach innen um. Achten Sie darauf, dass die Nahtlinie exakt an der Kante liegt.

TASCHEN FESTSTECKEN

Legen Sie die rückwärtigen Hosenteile flach auf den Arbeitstisch, positionieren Sie die Taschen genau an den Markierungen und stecken Sie sie fest.

TASCHEN AUFSTEPPEN

Steppen Sie beide Taschen bis zu den Markierungen knapp-kantig fest, dabei wird auch die seitliche Öffnung erfasst.

UMSCHLÄGE VERZIEREN

Sie können die Taschenumschläge mit einer kleinen Verzie-rung von Hand festnähen, hier wurde ein farblich kontrastie-rendes Garn verwendet. Legen Sie dann je ein vorderes und ein rückwärtiges Hosenteil rechts auf rechts aufeinander. Achten Sie darauf, dass die Hosenbeine gespiegelt vor Ihnen liegen, damit Sie keine zwei gleichen Teile zusammennähen.

HOSENBEINE SCHLIESSEN UND VERSÄUBERN

Stecken Sie die Hosenbeine jeweils an der seitlichen und an der inneren Kante aufeinander. Nähen Sie bei jedem Hosen-bein zuerst die Innennaht und dann die Seitennaht, jeweils mit 1 cm Breite. Versäubern Sie die beiden Nahtzugaben an jeder Längskante gemeinsam mit Zickzackstich.

HIER GEHT'S WEITER ⟫⟶

WEITER GEHT'S

HOSENBEINE INEINANDER LEGEN

Schieben Sie nun beide Hosenbeine so ineinander, dass sie an der Schrittnaht rechts auf rechts aufeinander liegen.

SCHRITTNAHT SCHLIESSEN UND VERSÄUBERN

Stecken Sie die Teile fest und schließen Sie die Schrittnaht. Versäubern Sie die Kanten gemeinsam mit Zickzackstich.

Tipp

Übrigens könnten Sie beide Längsnähte auch als französische Naht verarbeiten, wissen Sie noch, wie es geht? Auf Seite 43 können Sie nachsehen. So sparen Sie sich das Versäubern der Kanten und die Hose sieht dann von innen ebenfalls schön aus!

11

BÄNDER NÄHEN

Bereiten Sie nun die Bänder für den Tunnelzug vor. Falten Sie die Stoffteile jeweils der Länge nach rechts auf rechts zur Mitte und nähen Sie sie an der Längsseite und der abgeschrägten Querseite zu einem Schlauch.

12

NAHTZUGABEN ZURÜCKSCHNEIDEN, BÄNDER WENDEN

Schneiden die Nahtzugaben auf 0,5 cm zurück. Wenden Sie die Bänder auf die rechte Seite und bügeln Sie sie.

KNOPFLÖCHER NÄHEN

Bügeln Sie zuerst von links kleine Streifchen Einlage auf die Knopflochmarkierungen, um sie zu verstärken. Nähen Sie dann die beiden Knopflöcher am Bund.

KNOPFLÖCHER EINSCHNEIDEN

Schneiden Sie die Knopflöcher mit einer kleinen Schere oder einem Nahttrenner ein. Von rechts sollte das Vorderteil der Hose dann wie abgebildet aussehen.

HIER GEHT'S WEITER ➤➤→

WEITER GEHT'S

UMSCHLAG BÜGELN UND FESTSTECKEN

Bügeln Sie an der Taillenkante zunächst 1 cm Nahtzugabe und dann weitere 4 cm für den Tunnelzug nach innen um. Stecken Sie den Umschlag fest.

UMSCHLAG KNAPPKANTIG FESTSTEPPEN

Nähen Sie den Umschlag für den Tunnelzug ringsum knappkantig von innen fest.

GUMMIBAND EINZIEHEN UND FESTNÄHEN

Ziehen Sie das Gummiband mithilfe einer Sicherheitsnadel durch den Tunnel. Nähen Sie die Bändchen an die Gummibandenden, schieben Sie sie etwa 10 cm in den Tunnel und nähen Sie sie rechts und links vom Knopfloch, jeweils 10 cm entfernt, auf dem Tunnel fest.

Und jetzt ab auf's Sofa!

HOSENSAUM NÄHEN

Bügeln Sie die Hosenbeine an den Kanten zunächst 1 cm und dann weitere 3 cm nach innen um, stecken Sie den Saum und steppen Sie ihn knappkantig fest.

SCHLICHT UND KOMBINATIONSFREUDIG – DAS PERFEKTE *Basic-Teil*

SOMMERHOSE MIT GUMMIZUG

Die Verarbeitung dieses Modells ist so einfach, dass Sie sich die Hose für den Sommer oder für den Urlaub schnell in jeder Ihrer Lieblingsfarben nähen können.

Sie benötigen

- 1,3 m Baumwollstoff, 140 cm breit
- Gummiband, Länge wie Taillenweite, 3,5 cm breit
- Nähgarn

💙 *Tipp* 💙

Für diese Sommerhose können Sie z. B. einen klein gemusterten fließenden Stoff verwenden oder einen leichten Leinen- oder Baumwollstoff. Er sollte nur nicht zu durchsichtig sein.

Und so geht's

HOSENTEILE RECHTS AUF RECHTS LEGEN

Legen Sie je ein vorderes und ein rückwärtiges Hosen- teil rechts auf rechts. Stecken Sie die Teile an den seitlichen und inneren Kanten fest. Achten Sie darauf, keine zwei gleichen Teile zusammenzufügen – die Hosenbeine müssen gespiegelt auf dem Tisch liegen.

BEINNÄHTE SCHLIESSEN UND VERSÄUBERN

Stecken Sie die Hosenbeine jeweils an der seitlichen und an der inneren Kante aufeinander. Nähen Sie bei jedem Hosenbein zuerst die Innennaht und dann die Seitennaht, jeweils mit 1 cm Breite. Versäubern Sie die Nahtzugaben an jeder Längskante jeweils ge- meinsam mit Zickzackstich.

HOSENBEINE INEINANDER LEGEN, SCHRITTNAHT SCHLIESSEN

Schieben Sie nun beide Hosenbeine so ineinander, dass die Teile an der Schrittnaht rechts auf rechts aufeinander liegen. Schließen Sie die Schrittnaht und versäubern Sie sie ebenfalls mit Zickzackstich.

UMSCHLAG BÜGELN UND FESTNÄHEN

Bügeln Sie an der Taillenkante zuerst 1 cm Zugabe und dann weitere 4 cm für den Tunnelzug nach innen um. Steppen Sie den Umschlag fest, lassen Sie dabei eine Öffnung von ca. 4 cm frei, um das Band einzuziehen.

GUMMIBAND EINZIEHEN UND ENDEN ZUSAMMENNÄHEN

Ziehen Sie das Gummiband mithilfe einer Sicherheits- nadel durch den Tunnel, stecken Sie die Enden 1 cm übereinander und nähen Sie sie zusammen.

HOSENSAUM NÄHEN

Bügeln Sie die Hosenbeine zuerst 1 cm und dann 3 cm nach innen um, nähen Sie den Saum knappkantig fest.

Besondere Stoffe und Leder

Wer nun die Freude am Nähen entdeckt hat, möchte vielleicht auch spezielle Stoffarten und Leder verarbeiten. Hier gibt es einige Besonderheiten zu beachten, auf die ich Sie hier aufmerksam machen möchte. Wenn Sie sich mit dem passenden Handwerkszeug ausrüsten und auf Stoffresten üben, gewinnen Sie auch im Nähen besonderer Stoffe bald Sicherheit.

ÜBER BESONDERE STOFFARTEN

Spezielle Stoffe wie Jersey oder Samt erfordern oft andere Zuschneide- und Verarbeitungstechniken sowie besonderes Zubehör, so gibt es z. B. für Jersey eine dehnbare Bügeleinlage und auch dehnbare Futterstoffe. Am besten, Sie informieren sich schon beim Stoffeinkauf darüber, dann sind auch solche Materialien problemlos zu verarbeiten.

GUT ZU WISSEN

Wenn Sie Leder zu einem Kleidungsstück verarbeiten möchten, sollten Sie beim Zuschnitt berücksichtigen, dass man die Schnittteile mit Teilungsnähten versehen muss, weil die Lederhäute meist nicht für ein ganzes Teil ausreichen. Die Teilungsnähte können ins Design mit einbezogen werden und gleichzeitig als Zierlinien dienen.

NÄHTECHNIKEN FÜR BESONDERE STOFFE UND LEDER

JERSEY NÄHEN

Zum Nähen verwenden Sie am besten eine Jerseynadel, die eine feine Kugelspitze hat, damit die Maschen beim Steppen nicht verletzt werden. Falls Ihre Maschine keine Elastikstich-Funktion hat, verwenden Sie einen dichten, kurzen Zick-zackstich. Achten Sie darauf, dass sich die Nähte nicht aus-dehnen. Die Kanten müssen nicht unbedingt versäubert wer-den, da Jersey in der Regel nicht ausfranst. Mit ein wenig Übung sind Jerseystoffe leicht zu verarbeiten.

SAMT NÄHEN

Samt hat hochstehende Fasern, den sogenannten Flor. In einer Längsrichtung (der weicheren, wenn man darüber-streicht) schimmert er heller, in der anderen (etwas fester) dunkler. Normalerweise wird Samt "gegen den Strich", also in der dunkleren Variante verarbeitet. Deshalb müssen alle Teile in derselben Richtung zugeschnitten werden.

LEDER NÄHEN

Zum Nähen verwenden Sie am besten eine Ledernadel und möglichst einen Teflonfuß. Nur Ziegenvelours- und feines Nappaleder lassen sich gut mit der Haushaltsnähmaschine verarbeiten – für dickeres Leder braucht man eine Spezial-nähmaschine. Berücksichtigen Sie, dass Sie Leder nicht auftrennen können, da die Einstichlöcher bestehen bleiben. Fertigen Sie vorher am besten ein Probeteil aus einem ver-gleichbaren Material an. Wenn das Probeteil passt, können Sie sich ans Leder wagen. Falls Ihre Maschine das Leder nicht ausreichend gut transportiert, können Sie zum Steppen einen Streifen Seidenpapier unterlegen. Das Papier lässt sich anschließend mühelos wieder entfernen.

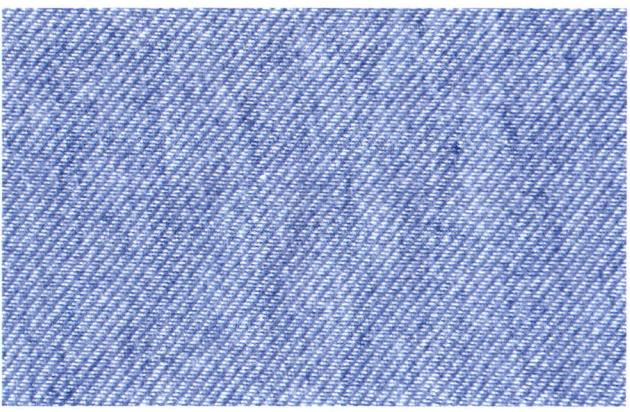

JERSEY

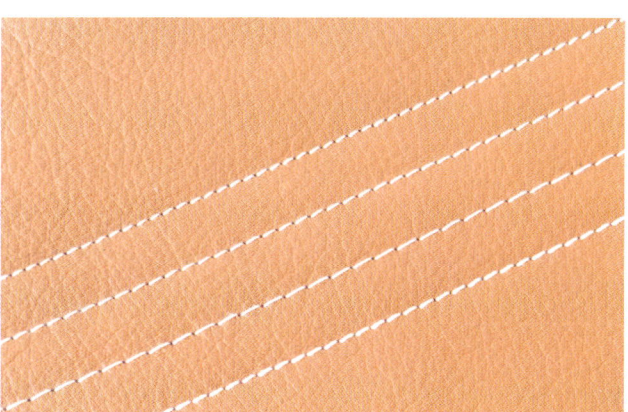

LEDER

NACHWORT

LIEBE LESERINNEN UND LESER,

ich hoffe sehr, Sie können meine Tipps und Anleitungen erfolgreich anwenden und dieses Buch liegt bei Ihnen in Reichweite Ihrer Nähmaschine.

Ebenfalls hoffe ich, dass ich Sie für dieses schöne Handwerk begeistern konnte und Sie bereits den einen oder anderen Glücksmoment erleben konnten.

Ich bedanke mich vor allem bei meinen Schülerinnen und Schülern, die mir den Impuls für dieses Buch gegeben haben. Bei jedem Kurs kann ich neben meiner Vision, allen mein wunderbares Handwerk nahezubringen, auch vieles lernen. Danke euch herzlich dafür.

Mein zweiter inniger Dank gilt meiner Mitarbeiterin Luisa, die mich die letzten drei Jahre durch mein Berufsleben begleitet hat. Sie hat die in diesem Buch beschriebenen Anleitungen durchgearbeitet und mich auf Ungereimtheiten hingewiesen. Danke dir herzlich dafür, liebe Luisa.

Danke an meinen Fotolehrer Lars Wunderlich, der mir mit viel Geduld beigebracht hat, meinen Blick zu schärfen und das Licht zu sehen.

Danke an meinen Mann Albert Pschorr, der über 1000 Fotos sortiert, verbessert und katalogisiert hat und mir immer ein guter Ratgeber war.

Danke an die Firma Brother, die mir eine ihrer hervorragenden Maschinen zur Verfügung gestellt hat.

Und zu guter Letzt vielen Dank an den Verlag, der mir dieses Buch erst ermöglicht hat.

Herzlichst
Ihre

Blanca Popp

ZU GUTER LETZT

ÜBER MICH

Nach meiner Ausbildung zur Meisterin und Dipl.-Designerin war ich viele Jahre als freischaffende Designerin für die Industrie tätig. Ich habe Privat-Labels für große Konzerne entwickelt, war zuständig für Schnitte, Passformen und habe in Einzelfällen auch die Produktionen überwacht. Für Messen und Einzelfirmen habe ich die Trendberatung übernommen und habe so mein bisheriges Arbeitsleben ausschließlich der Mode und Bekleidung gewidmet. Ich darf in meinem Traumberuf arbeiten und jede neue Kollektion erzeugt mir ein Kribbeln im Bauch.

Vor etwa sieben Jahren habe ich für mich das Nähen wieder entdeckt, auch zum Ausgleich zur Hektik der Kollektionserstellung, und habe mich ein zweites Mal in mein Handwerk verliebt.

Ich hatte spontan die Eingebung, mein gesammeltes Wissen unter die Leute zu bringen, und begann an der Volkshochschule Kurse zu geben. Ebenfalls habe ich an der Akademie für Kommunikation Mode und Design unterrichtet. Nach etwa zwei Jahren habe ich meine Nähschule in München gegründet und meine Intuition hatte mir recht gegeben.

WEBSITE MEINER NÄHSCHULE

www.naehschule-muenchen.de

Dieses Herz ist mein Glücksbringer und drückt mein Lebensmotto aus. Während ich das Buch geschrieben habe, war er immer bei mir.

„FÜR MICH GIBT ES NUR DAS
GEHEN AUF WEGEN DIE HERZ
HABEN, AUF JEDEM WEG GEHE ICH,
DER VIELLEICHT EIN WEG IST,
DER HERZ HAT. DORT GEHE ICH
UND DIE EINZIGE LOHNENDE
HERAUSFORDERUNG IST, SEINE
GANZE LÄNGE ZU GEHEN.
UND DORT GEHE ICH UND
SEHE ATEMLOS."

AUS „DON JUAN" VON CARLOS CASTANEDA

REGISTER

GLOSSAR

Abnäher
Keilförmig abgenähte Stoffpartie, mit der Schnittteile den Rundungen des Körpers (meist an Brust, Hüfte, Rücken oder Schulter) angepasst werden.

Absteppen
Eine Naht oder Kante wird abgesteppt, um diese zu stabilisieren oder zu verzieren. Dabei wird meist knappkantig gesteppt, d. h., das Nähfüßchen läuft 1–2 mm neben der Naht oder Kante. Mit Geradstichen, die in kontrastfarbigem Garn (Knopfloch-, Ziersteppgarn) mit Zwillingsnadel gesteppt werden, lassen sich schöne Effekte erzielen.

Applizieren
Technik zum Verzieren von Textilien, bei der Motive aus Stoff ausgeschnitten und auf einen Stoffgrund aufgenäht werden.

Ärmelbrett
Kleines, schmales Bügelbrett zum Bügeln von Ärmeln und anderen kleineren Stoffteilen mit Rundungen.

Auf rechts drehen oder wenden
Ein fertig genähtes Teil wird auf die rechte Seite gedreht (manchmal durch eine Öffnung in der Naht). Die Nähte können nach dem Wenden zwischen den Fingern gerollt werden, bis sie am Rand liegen. Ecken stülpt man ggf. mit einem stumpfen Bleistift um (oder einem sogenannten Schlauchwender aus dem Nähfachhandel).

Ausrädeln
Methode zum Kopieren eines Schnittmusters aus einem Schnittbogen. Man legt Papier unter den Schnittbogen und überträgt mithilfe eines Kopierrädchens die Konturen der Schnittteile und alle Markierungen auf Papier.

—

Besatz
Auch Beleg; Stoffteil, das dazu verwendet wird, eine Kante zu versäubern und zu verstärken, z. B. an einem Kleidungsstück oder einer Tasche.

Bügeln
Das Bügeln ist ein wichtiger, unerlässlicher Bestandteil des Nähens. Der Stoff sollte zunächst vor dem Zuschneiden gebügelt werden, damit er faltenfrei auf der Arbeitsfläche ausgebreitet werden kann. Außerdem sollte jede fertige Naht von links auseinandergebügelt werden. Die Bügeltemperatur richtet sich nach dem Material. Wollstoffe, Synthetikstoffe oder Stoffe mit Elasthananteil sollten beim Bügeln immer mit einem feuchten Tuch geschützt werden. Leinen und Baumwolle können sehr heiß gebügelt werden, Seide bei mittlerer Temperatureinstellung.

Beidseitiges Bügelvlies
Klebevlies mit Trägerpapier, mit dem man zwei Stofflagen verbinden kann, z. B. für Applikationen. Bei der Verarbeitung sollte man die Herstelleranweisungen genau befolgen.

Bruchkante
Stoffbruch (Faltkante) bei doppelt gelegtem Stoff. Soll ein Schnittteil im (Stoff-)Bruch zugeschnitten werden, muss das Schnittmuster exakt an die Bruchkante des Stoffs angelegt werden und der Fadenlauf beachtet werden.

Bund
Abschlussstreifen an einem Kleidungsstück; bei Hosen, Jacken oder Pullovern sitzt er meistens in der Taille oder in der Hüfte. Auch in kleiner Form als Bündchen, wie am unteren Ende von Ärmeln. Es gibt verschiedene Schnittvarianten (z. B. Formbund, gerader Bund mit Übertritt).

Bündig legen
Stoffteile an den Schnittkanten exakt aufeinanderlegen.

—

Der Breite nach falten
Den Stoff quer, also parallel zur Stoffbreite falten.

Der Länge nach falten
Oder auch längs falten: den Stoff mittig falten, parallel zu den Webkanten oder so, dass diese aufeinanderliegen.

Durchpausen
Methode zum Kopieren eines Schnittmusters aus einem Schnittbogen mit mehreren Modellen. Man breitet den Bogen flach auf der Arbeitsfläche aus, legt dann Transparentpapier darüber und zeichnet die einzelnen Konturen der Schnittteile mit Bleistift nach. Dabei müssen auch alle Passzeichen und weiteren Markierungen mit übertragen werden.

Ecken nähen

Beim Nähen von Ecken steppt man bis zum Eckpunkt, dort wird die Nadel eingestochen, dann der Nähfuß angehoben, der Stoff in die gewünschte Position gebracht (um die Ecke gedreht), das Füßchen wieder gesenkt und weitergenäht.

Einfassen

Methode zum Versäubern und Verstärken von Säumen und Kanten. Dabei wird ein Band oder ein Schrägstreifen bündig an den Saum oder die Kante gesetzt. Man kann dafür im Fachhandel erhältliche Bänder oder im Schrägfadenlauf zugeschnittene Stoffstreifen verwenden.

Einlagen

In verschiedenen Stärken und Varianten erhältliche Materialien zum Einnähen oder Aufbügeln, die zwischen Oberstoff und Beleg liegen, um dem Kleidungsstück (z. B. an Kragen oder Bund) mehr Festigkeit und Formstabilität zu geben.

Einreihen (Einkräuseln)

Beim Einreihen werden zwei Nähte mit großen Stichen rechts und links von der Nahtlinie gesteppt, dabei werden die Fäden nicht vernäht und abgeschnitten, sondern bleiben hängen. Dann hält man jeweils die beiden Oberfäden fest, um die Stoffbahn zu Fältchen zusammenzuschieben. Bevor das so eingereihte Stoffteil an ein anderes genäht wird, müssen die Kräusel gleichmäßig verteilt werden.

Einschnitt

An Spitzen und Rundungen werden die Nahtzugaben keilförmig eingeschnitten, damit die Nähte von rechts flach liegen und es keine Schrägzüge gibt. Mit kleinen Einschnitten (Kerben) in die Nahtzugaben können auch Markierungen vom Schnittmuster auf die Stoffbahnen übertragen werden.

Fadenlauf

Der Fadenlauf markiert die Richtung, in die Kettfäden bei gewebten Stoffen laufen. Der Kettfaden ist der in Längsrichtung laufende, der Schussfaden der in Querrichtung laufende Faden. Der Fadenlauf wird auf dem Schnittbogen meist mit einem Pfeil gekennzeichnet und zeigt an, in welcher Richtung das Schnittteil auf den Stoff gelegt werden muss.

Fadenspannung

Damit Ober- und Unterfaden gleichmäßige Stiche bilden, lässt sich bei jeder Nähmaschine die Spannung regulieren.

Falten

Falten werden zum Einhalten von Stoffweite gelegt; sie sind auch bestimmendes Element bei der Gestaltung von Stil und Silhouette von Kleidung. Es gibt verschiedene Faltenarten.

Füllkissen

Innenkissen, bestehend aus einem einfachen Baumwollbezug mit einer Füllung aus Federn oder synthetischen Fasern; in vielen Größen und Formen erhältlich.

Futter

Zweite, an der Innenseite eines Kleidungsstücks liegende, meist dünne Stofflage, die alle Nähte und Einlagen verdeckt. Ein Futter verbessert außerdem die Trageeigenschaften des Kleidungsstücks und dient der zusätzlichen Isolierung.

Garnrollenhalter

Metall- oder Kunststoffdorn auf der Nähmaschine, auf den die Garnrolle gesetzt wird und von dem aus das Garn dann durch die Führungshaken zur Nadel gezogen wird.

Gesteppter Saum

Dafür wird die Saumzugabe nach innen umgebügelt und die Schnittkante schmal nach innen umgeschlagen. Die Bruchkante wird dann knappkantig abgesteppt.

Heften

Beim Heften werden einzelne Schnittteile mit großen Hand- oder Maschinenstichen provisorisch zusammengesetzt, um die Passform eines Kleidungsstücks vorab zu prüfen.

Knopf

Dient zusammen mit dem Knopfloch als Verschluss bei Kleidungsstücken. Knöpfe sind in vielen verschiedenen Formen und aus unterschiedlichen Materialien wie Porzellan, Holz, Steinnuss, Leder, Horn, Metall, Perlmutt oder Kunststoff erhältlich. Knöpfe bestimmen den Charakter eines Kleidungsstücks, unterliegen modischen Tendenzen und werden manchmal auch nur zur Zierde aufgenäht.

Knopfloch

Öffnung im Stoff, durch die der Knopf gezogen wird. Das Knopfloch kann an der Maschine mit dichten Zickzackstichen genäht werden, im Schneiderhandwerk dagegen wird es meist von Hand gefertigt. Fast jede Nähmaschine verfügt über eine Knopflochautomatik, mit der sich Knopflöcher in beliebiger Größe sehr einfach stufenweise nähen lassen.

Knopflochgarn

Auch Knopflochzwirn genannt, besteht aus einem dickeren Faden aus Seide oder Polyester, den Schneider für handgenähte Knopflöcher verwenden. Das Garn ist besonders reißfest und kann auch für andere Näharbeiten benutzt werden.

Knopfsteg

Kleiner Steg (auch Schaft), der als Abstandshalter zwischen Knopf und Stoff dient. Befindet sich entweder als Öse schon am Knopf oder kann selbst aus Garn beim Knopfannähen hergestellt werden. Vor allem bei dickeren Stoffen sind Stege wichtig, da sich der Knopf sonst in den Stoff drückt.

Kopieren

Übertragen eines Schnittmusters inklusive Markierungen auf den Stoff. Es gibt verschiedene Methoden, Schnittmuster zu kopieren. Mit speziellem Schneider-Kopierpapier, das unter den Stoff gelegt wird, kann man mithilfe des Kopierrädchens Linien auf den Stoff durchdrücken bzw. „kopieren".

Kopierrädchen

Hilfsmittel zum Übertragen von Schnittmustern und Markierungen auf den Stoff.

Kräuselfaden

Elastischer Faden, auch Hutgummi oder Elastikgarn genannt, z. B. zum Smoken oder für Bündchen an Strickwaren, damit bleiben Kräusel oder Rüschen dehnbar. Als Kräuselfaden bezeichnet man auch den Faden aus normalem Nähgarn, der für Nähte mit großen Stichen zum Einreihen eines Stoffteils verwendet wird.

Kräuseln (Einreihen)

Dafür werden mit einem Abstand von etwa 1 cm zwei Reihen lockere große Geradstiche nebeneinander gesteppt und am Ende nicht vernäht. Durch das Ziehen am Unterfaden kann man den Stoff zu Kräuseln zusammenschieben.

Kreidestift

Stift zum Übertragen von Linien und Markierungen auf den Stoff. Mit einer Bürste ist die Kreide leicht zu entfernen.

Kurzwaren

Sammelbegriff für alle Zutaten (außer Stoff), die zum Nähen benötigt werden, wie Garne, Verschlüsse, Bänder, dekorative Elemente usw.

Kuvertecke

Eine 90-Grad-Ecke an Textilien, bei der die Nahtzugabe in einem Winkel von 45 Grad gefaltet und abgenäht wird, damit sie flach bleibt.

Leinen

Wird aus Flachs hergestellt; ein sehr strapazierfähiger, haltbarer Stoff, der mit dem Tragen weicher und schöner wird. Neues oder gut erhaltenes altes Leinen eignet sich auch für Schürzen oder Geschirrtücher.

Linke Stoffseite

Die meisten Stoffe haben eine Vorder- und eine Rückseite, nur wenige sind von beiden Seiten zu verwenden. Als linke (Stoff-)Seite bezeichnet man immer die Rückseite des Stoffs, die dann bei einem Kleidungsstück innen liegt. Auf die linke Stoffseite werden beim Zuschnitt auch alle Markierungen des Schnittmusters übertragen.

Maschinenheften

Stoffteile werden mit großen Steppstichen mit der Nähmaschine provisorisch zusammengenäht.

Maschinenstiche

Je nach Nähmaschine können verschiedene Stiche eingestellt werden. Die üblichsten, da am häufigsten gebraucht, sind der Stepp- oder Geradstich, der Zickzackstich zum Versäubern der Schnittkanten, der Elastikstich und der Blindstich, mit dem Säume unsichtbar genäht werden können.

Mehrgrößenschnitt

Schnittmuster, bei dem ein Modell in verschiedenen Größen angegeben ist. Die Größen werden meist durch unterschiedliche Linien oder Farben gekennzeichnet und müssen dann entsprechend der gewünschten Größe ausgeschnitten oder aus dem Schnittbogen herauskopiert werden.

Nähfüßchen
Teil der Nähmaschine, das den Stoff hält und weiterführt. Es gibt verschiedene Füßchen, die je nach Stich- und Nahtart eingesetzt werden (z. B. Blindstichfuß, Knopflochfuß).

Nähgarn
Es gibt Nähgarne aus verschiedenen Fasern wie Baumwolle, Seide, Synthetikfasern. Sogenannte Allesnäher eignen sich für fast jeden Stoff. Zum Nähen braucht man einen Ober- und einen Unterfaden, Letzterer wird auf die Spule gewickelt.

Naht
Die gerade oder gebogene Linie aus Stichen, mit der zwei Stoffteile aneinandergenäht sind.

Nahtreißverschluss
Spezieller Reißverschluss, der nicht sichtbar zwischen zwei Teile eines Kleidungsstücks genäht wird. Die Naht wird dabei erst nach dem Einsetzen geschlossen.

Nahttrenner
Auch Trennmesser oder Pfeiltrenner; kleines Hilfsmittel mit scharfkantiger Spitze zum leichten Auftrennen von Nähten oder auch zum Einschneiden von Maschinenknopflöchern.

Nahtzugabe
Die Nahtzugabe ist der Abstand zwischen der Nahtlinie und der Schnittkante. Sie beläuft sich bei Verbindungsnähten meist auf 1 cm, an Säumen auf 3–4 cm. Die Nahtzugabe ist entweder auf dem Schnittmuster eingezeichnet oder muss beim Zuschneiden noch dazugegeben werden.

Nesselmodell
Probeteil: Das Kleidungsstück kann zuerst aus günstigem hellem Baumwollnessel genäht werden, um die Passform zu überprüfen und Änderungen vorzunehmen. Erst dann wird der Originalstoff zugeschnitten.

Overlockmaschine
Spezielle Nähmaschine, die in einem Arbeitsgang versäubert, steppt und Kanten abschneidet.

Overlockstich
Viele Nähmaschinen verfügen über den praktischen Overlockstich, den man statt des Zickzackstichs verwenden kann.

Raffen
Der Stoff wird durch Kräuseln in kleine Fältchen gelegt.

Rapport
Das Muster in einem Stoffdruck wiederholt sich in der Länge in regelmäßigen Abständen. Dieser Rapport sollte beim Zuschnitt möglichst berücksichtigt werden.

Rechte Stoffseite
Die rechte (Stoff-)Seite ist die Vorderseite des Stoffs, also diese, die sich am Kleidungsstück außen befindet.

Reißverschluss
Verschluss, den es in verschiedenen Größen, Materialien (Kunststoff, Metall) und Ausführungen gibt (teilbar, Nahtreißverschluss). Textilband mit kleinen Zähnchen, die mithilfe eines Schiebers ineinandergreifen und sich verhaken, um eine Öffnung zu schließen.

Reißverschlussfuß
Schmaler Nähfuß, der das Einnähen von Reißverschlüssen erleichtert, da man näher entlang der Zähnchenkante steppen kann. Gehört zum Standardzubehör von Nähmaschinen.

Riegel
Kleine, dicht genähte Reihe von (Zickzack-)Stichen, die an besonders beanspruchten Verbindungsstellen eines Kleidungsstücks genäht wird, damit sie dort nicht ausreißen.

Rückstich
Auch Steppstich genannt, kann für Handnähte eingesetzt werden oder für Säume. Die kleinen, regelmäßigen Stiche werden von rechts nach links gearbeitet.

Rüsche
Schmückender Besatz in Form eines gekräuselten Stoffstreifens, der mit der gereihten Längskante an ein Kleidungsstück genäht wird. Die andere Kante hängt immer frei und ist meist gesäumt oder versäubert. Kann in verschiedensten Breiten gearbeitet werden.

Satinband, doppelseitig
Zierband, das etwas dicker als einfaches Satinband und auf beiden Seiten glatt und glänzend ist.

Saum

Der Saum ist die meist versäuberte Unterkante eines Kleidungsstücks. Je nach Stoffart und Stil des Kleidungsstücks wird der Saum unterschiedlich genäht (z. B. Rollsaum, gesteppter Saum, hohl genähter Saum).

Saumlinie

An der Saumlinie wird die Saumzugabe nach innen umgeschlagen. Die Saumlinie ist demnach die Unterkante des Kleidungsstücks.

Saumzugabe

Abstand zwischen Saumlinie und Schnittkante an der Unterkante eines Kleidungsstücks.

Schere

Eine große, scharfe Zuschneideschere ist beim Nähen unerlässlich. Außerdem ist eine Papierschere zum Ausschneiden der Schnittmuster notwendig sowie eine kleine, scharfe Handarbeitsschere für Handnäharbeiten und auch zum Aufschneiden von Knopflöchern. Zum Zuschneiden von wenig ausfransenden Stoffen oder Futterstoffen eignet sich besonders gut eine Zackenschere, da die Stoffteile dann nicht versäubert werden müssen.

Schlauchwender

Ein nützliches (aber nicht unbedingt notwendiges) Werkzeug, wenn man einen schmalen Stoffschlauch, wie etwa für Schlaufen, auf rechts drehen will.

Schneider-Kopierpapier

Im Fachhandel erhältliches Papier, mit dem Schnittmuster inklusive Markierungen einfach auf den Stoff zu übertragen sind. Die mithilfe eines Kopierrädchens übertragenen Linien können später durch Waschen leicht entfernt werden.

Schneiderkreide

Mit einem Stück fest gepresster feiner Kreide kann man Linien und Markierungen auf Stoff zeichnen. Gibt es in verschiedenen Formen, auch lose und als Stift; lässt sich leicht ausbürsten. Weiße Kreide eignet sich für dunkle Stoffe, farbige eher für helle.

Schneiderpuppe

Auch Schneiderbüste; lebensgroße Figur (nur Rumpf), die der Körpersilhouette entsprechend geformt ist und zur Anprobe von Kleidungsstücken verwendet wird. Schneiderpuppen gibt es in Standardgrößen oder als verstellbare Modelle.

Schnittauflageplan

Plan, der einem Schnittmuster beiliegt und eine genaue Anleitung zum Auflegen der Schnittteile auf den Stoff gibt.

Schnittkante

Außen liegende Kante eines Schnittteils.

Schnittkontur

Linie auf einem Schnittmuster, die als Orientierung für den Zuschnitt dient. Oft muss die eingezeichnete Linie noch um die Nahtzugabe erweitert werden. Wenn die Nahtzugabe bereits enthalten ist, ist dies in der Schnittanleitung vermerkt.

Schnittmustermarkierungen

Symbole auf dem Schnittmuster, die eine erste Anleitung zum Zuschneiden und Nähen geben. Wie detailliert die Markierungen sind, hängt vom Schnittmusterhersteller ab. Die Symbole sollten möglichst alle mit Schneiderkreide auf die linke Stoffseite übertragen werden.

Schnittmusterpapier

Große Papierbogen zum Erstellen oder Abpausen von Schnittmustern. Leicht transparent; gibt es in verschiedenen Ausführungen, auch mit einem Zentimeterraster, das das maßstabsgerechte Übertragen, Vergrößern oder Verkleinern von Motiven und Skizzen erleichtert.

Schnittteile

Ein Schnittmuster besteht aus verschiedenen Schnittteilen, die – aus Stoff zugeschnitten und dann zusammengesetzt – das Kleidungsstück ergeben.

Schrägband

Gibt es mit oder ohne vorgefalzte Kanten in der Kurzwarenabteilung. Meist aus Baumwolle oder Viskosesatin in einer großen Auswahl an Farben und verschiedenen Breiten. Dient zum Einfassen von geraden und gebogenen Schnittkanten. Es gibt Spezialzubehör (Schrägbandformer), mit dem man akkurate Kanten arbeiten kann, wenn man vorhandenen Stoff für eine Einfassung verwenden möchte.

Spule

Rolle zum Aufwickeln des Unterfadens, die dann in das Gehäuse der Nähmaschine gesetzt wird.

Stecknadeln

Dabei kann man zwischen feinen Nadeln mit winzigen Metallköpfen oder solchen mit bunten Glas- oder Plastikköpfen wählen. Stecknadeln sind elementar beim Nähen, sie sollten immer in einem kleinen Behältnis bereitliegen.

Steppen
Geradstiche an der Nähmaschine nähen.

Steppfuß
Nähfuß für die Maschine, der zum Absteppen von Nähten und Kanten verwendet wird.

Steppstich
Auch Geradstich; der Grundstich jeder Haushaltsnähmaschine. Nähte können zur Betonung oder Verstärkung von rechts zusätzlich abgesteppt werden.

Sticknadel
Eine Nadel mit sehr großem Öhr und stumpfer Spitze zum Sticken, aber auch für viele andere Handarbeiten geeignet.

Stoffverbrauch
Kalkulierte Menge an Stoff, die zum Nähen eines Kleidungsstücks benötigt wird. Der Stoffverbrauch hängt von der gewählten Größe ab, in der das Kleidungsstück genäht werden soll, und immer von der jeweiligen Stoffbreite.

Taschenbeutel
Der im Inneren eines Kleidungsstücks liegende Teil einer Tasche, der an die Leiste am Eingriff genäht wird.

Teilbarer Reißverschluss
Lässt sich vollständig öffnen; z. B. für Jacken oder Mäntel.

Textilstift
Eine Art Filzstift, mit dem Markierungen auf den Stoff übertragen werden können. Die Linien sind meist auswaschbar oder verschwinden nach einiger Zeit von selbst.

Tunnelzug
Doppellagige Stoffpartie (meist in der Taille) zwischen zwei parallel verlaufenden Nähten; mit kleiner Öffnung, durch die eine Kordel oder ein Gummiband gezogen wird.

Über- und Untertritt
Eine Verschlussleiste besteht aus einem Über- und einem Untertritt, der Übertritt ist der meist sichtbare, obere Bereich, der auf dem Untertritt liegt.

Umschlag
Meist schon im Schnitt enthaltene Zugabe am Saum von Ärmeln oder Hosen, die gemäß den im Schnitt eingezeichneten Umbruch- und Stepplinien umgelegt und festgenäht wird.

Versäubern
Stoffteile werden direkt an der Schnittkante mit groß eingestelltem Zickzackstich umnäht, um ein Ausfransen des Stoffs zu verhindern. Kanten können auch auf andere Weise versäubert werden, wie durch Einfassen mit Schrägband.

Verstürzen
Technik, mit der zwei Stoffkanten so zusammengenäht und gewendet werden, dass die Nahtzugaben zwischen den Kanten liegen und nicht mehr sichtbar sind. Dafür werden die Stoffteile meist rechts auf rechts gelegt.

Webkante
Die beiden geschlossenen (also nicht fransenden) Längskanten an einem gewebten Stoff. Die Webkanten sind meist etwas dicker und fester als das eigentliche Gewebe. Der Fadenlauf liegt immer parallel zur Webkante.

Zickzackstich
Maschinenstich, mit dem meist Kanten versäubert werden. Die ideale Stichlänge und -breite für den jeweiligen Stoff lässt sich am besten durch eine Nähprobe herausfinden.

Zuschneideschere
Schere mit besonders langen Klingen und abgewinkeltem Griff zum Zuschneiden.

NOCH MEHR TOLLE BÜCHER

Sind Sie bereit für neue Nähabenteuer?
Unser Programm hält vielseitige Nähbücher für
Anfänger und für Fortgeschrittene bereit.

KLEIDER NÄHEN
Das große Buch für mehr als
200 individuelle Kleider

ISBN 978-3-86355-401-9
€ 24,99 (D), € 25,70 (A)

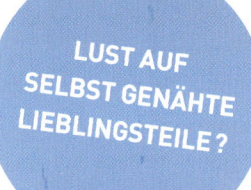

LUST AUF
SELBST GENÄHTE
LIEBLINGSTEILE ?

1 SCHNITT – 10 KLEIDER
Schnittteile kombinieren –
Lieblingsteile nähen

ISBN 978-3-86355-421-7
€ 16,99 (D), € 17,50 (A)

TASCHEN
Moderne Klassiker nähen

ISBN 978-3-86355-110-0
€ 14,99 (D), € 15,50 (A)

KISSENKULT
Lieblingskissen selber nähen

ISBN 978-3-86355-255-8
€ 9,99 (D), € 10,30 (A)

ROCK 'A' BELLA
Schnitt für Schnitt zur
selbstgestalteten Kollektion

ISBN 978-3-86355-130-8
€ 29,99 (D), € 30,90 (A)

LIEBLINGSTEILE SELBER NÄHEN
30 entzückende &
einfache Nähprojekte

ISBN 978-3-86355-108-7
€ 22,99 (D), € 23,70 (A)

**KINDERKLEIDUNG NÄHEN
OHNE SCHNITTMUSTER**
Mit Jersey, Fleece,
Baumwolle & Co

ISBN 978-3-86355-502-3
€ 14,99 (D), € 15,50 (A)

KINDERTASCHEN NÄHEN
Von praktisch bis verspielt

ISBN 978-3-86355-501-6
€ 14,99 (D), € 15,50 (A)

IMPRESSUM

Bibliografische Information der Deutschen Bibliothek.

Die Deutsche Bibliothek verzeichnet diese Publikation in der deutschen Nationalbibliografie. Detaillierte bibliografische Daten sind im Internet über http://www.d-nb.de/ abrufbar.

EIN BUCH DER EDITION MICHAEL FISCHER

1. Auflage 2016
© 2016 Edition Michael Fischer GmbH, Igling

Covergestaltung: Verena Raith, Rebecca Leiner
Produktmanagement: Heike Fröhlich
Lektorat: Gisela Witt, München
Layout und Satz: Rebecca Leiner

ISBN 978-3-86355-441-5

Printed in Slovakia

www.emf-verlag.de

Bildnachweis:
© Patrick Wittmann, München: 1–3, 6, 14, 20, 46–47, 56, 75, 80–81, 83–85, 87–89, 94–95, 101, 104, 108–110, 114–116, 119, 122, 125–128, 131–134, 139–141, 144, 151–154, 156–157, 160
© BROTHER Sewing Machines Europe GmbH: 20, 56, 167
© Laura Hertel, Leipzig: 17, 19
© Edition Michael Fischer GmbH: 5, 14
© Blanca Popp: alle restlichen